Kraftvoll & Frei

Eine Konfrontation der gläsernen Decke
über Frauen in der Kirche

Danny Silk

 Für Sheri

Englischer Originaltitel:
Powerful & Free
Confronting the Glass Ceiling for Women in the Church
Copyright © 2012 by Danny Silk
Red Arrow Media Redding, California
All rights reserved
Cover Design: © Linda Lee Interior Design: © Samuel Nudds
ISBN 13: 978-0-9884992-0-1
Printed in the United States redarrowmedia.com

Deutsche Ausgabe:
© 2014 Grain-Press Verlag GmbH
Marienburger Str. 3
71665 Vaihingen/Enz
eMail: verlag@grain-press.de
Internet: www.grain-press.de

Übersetzung aus dem Englischen: Petra Trischler
Satz: Grain-Press
Cover: Grain-Press, Adaption der Originalvorlage.
Druck: CPI Germany 25917 Leck

Bibelzitate sind, falls nicht anders angegeben, der Elberfelder Bibel, Revidierte Fassung ©1985 und 1992 Brockhaus Verlag Wuppertal, entnommen.

Weitere Bibelübersetzungen:

EÜ: Einheitsübersetzung der Heiligen Schrift © 1980 Verlag Katholisches Bibelwerk, Stuttgart, elektronische Fassung © 1997 Verlag Katholisches Bibelwerk GmbH

LUT: Luther Bibel, Revidierte Fassung von 1984 © 1985 Deutsche Bibelgesellschaft Stuttgart

GN: Gute Nachricht Bibel, Revidierte Fassung von 1997 der „Bibel in heutigem Deutsch" @ 1997 Deutsche Bibelgesellschaft Stuttgart

NL: Neues Leben. Die Bibel, © 2002 und 2006, SCM R. Brockhaus im SCM-Verlag GmbH & Co. KG, Witten

Die Bibelzitate wurden der Deutschen Rechtschreibreform angepasst.
ISBN Nr. 978-3-944794-105
(Amerikanische Originalausgabe: ISBN 978-0-9884992-0-1)

Praktisch jede mir bekannte Frau, die Danny Silks Botschaft aus *„Kraftvoll und Frei"* gehört hatte, empfand sie buchstäblich als lebensverändernd. Nur selten hat ein Buch so großen Einfluss auf so viele Frauen. Es ist eine Botschaft, die die gesamte Kirche – nein, die ganze Welt – hören muss!

Stacey Campbell
www.newlife.bc.ca
www.beahero.org

In unserer Generation schließen wir die Kluft zwischen den Geschlechtern. Dabei handelt es sich um eine Brücke ohne Umkehrmöglichkeit, die nur in eine Richtung befahrbar ist. In der westlichen Kultur wurde diese Brücke bereits noch vor der Kirche überquert – und sie endete auf einer Insel inmitten des tosenden Meeres des mächtigsten Feindes der Frauen: dem radikalen Feminismus. Dies passierte, weil die Kirche nicht vortrat und auf den existentiellen Schrei der Frau reagierte, die nach dem Ebenbild Gottes geschaffen ist. In dem Buch *„Kraftvoll und Frei: Eine Konfrontation der gläsernen Decke über Frauen in der Gemeinde"*, übernimmt Danny diesen Part. Sein ehrlicher, persönlicher Weg führt uns von der Oberfläche unmittelbar zum Kern von Freiheit und Identität. Dies ist ein Buch für Männer und für jede Frau, die sie lieben; es ist für die Frauen und Männer, die sie bewundern. Es ist für die Väter von Töchtern und für die Töchter der Väter, für Jünger und ihre Mentoren, für Verheiratete und Singles. Wir werden den Rucksack der uralten Vorurteile nicht an die kommende Generation weitergeben. Wenn wir eine Decke haben, dann wird sie ein reales und reines Fundament für die kommende Generation darstellen, auf dem sie stehen, um sich nach den Sternen auszustrecken. Mithilfe der behutsamen Führung des Heiligen Geistes leitet uns „*Kraftvoll und Frei*" auf diesem Weg von Meuterei zu Gegenseitigkeit bis hin zu der ‚unverzichtbaren' Partnerschaft, durch die wir Gottes Auftrag erfüllen und die Erde bevölkern und sie uns Untertan machen.

Bonnie Chavda
Mitbegründerin and Co-Pastorin der
"All Nations Church" & "The Watch of the Lord"

Dannys Perspektive auf die Dynamiken in Beziehungen sind immer inspirierend und... tja, sie verunsichern mich. Er malt ein Bild von der Art Person, die ich gerne sein möchte. Jemand, der nicht einfach auftaucht, sondern mit freundlicher Stärke und mit einem Plan ankommt, wie wir gegenseitig aufblühen können. Das Verunsichernde daran ist, dass er eine unheimliche Fähigkeit hat, sich in mein Denken zu schleichen und die versteckten, eigennützigen Seiten in meiner Weltsicht aufzudecken, die ich lieber nicht anschauen möchte.

Besonders schätze ich den Abschnitt, in dem er die Schlüsselpassagen der Bibel interpretiert. Christen glauben, dass die Bibel verbindlich für ihren Glauben und ihr Leben ist, und deshalb wollen wir die Abschnitte, die unserem Standpunkt widersprechen, nicht einfach aufgeben oder ignorieren. Danny hat dies nicht getan. Anstatt die problematischen Abschnitte aus dem Weg zu argumentieren, erklärt und wendet er sie in einem schlüssigen Interpretationszusammenhang. Dadurch liefert er solide biblische Grundlagen, auf denen wir alle verwandelte Beziehungen erleben können, die *kraftvoll und frei* sind.

Dann Farrelly
Associate Pastor der Bethel Gemeinde
Schulleiter der "Bethel School of Supernatural Ministry"

Danny Silk hat das Herzensanliegen Gottes begriffen, der sich danach sehnt, dass Seine Töchter *kraftvoll und frei* sind. Als Männer haben viele von uns ihre Funktion nicht erfüllt, die Frauen in den ihnen zustehenden Platz der Vollmacht hineinzuführen. Schlechte Traditionen und widersprüchliche Bibelauslegungen haben zu diesem Problem geführt. Mein Zuhause wäre nicht so stark, ohne den starken Einfluss meiner Frau. Und genauso sind wir in unserer Gemeindekultur einfach nicht vollständig, wenn Frauen nicht bevollmächtigt werden und ihren rechtmäßigen Platz einnehmen. Dieses Buch wird dich provozieren, über die Rolle von Frauen nachzudenken und eine neue Perspektive zu entwickeln. Viele Männer werden erleichtert sein, weil sie biblische Argumente finden, die ihre Funktion unterstützen, Frauen in ihre Berufung und Bestimmung hineinzubringen. Und Frauen, die dieses Buch lesen, werden sich sehr freuen, wenn sie erkennen, dass Gottes Herz dafür schlägt, dass sie einen bedeutenden Beitrag zu den Dingen leisten, die Gott heute auf der Welt tut.

Bill Johnson
Senior Pastor der Bethel-Gemeinde
Autor von "*Und der Himmel bricht herein*" sowie „*Träger seiner Gegenwart*"

Es ist mir eine große Ehre, „*Kraftvoll und Frei*" empfehlen zu dürfen. Ich habe aus erster Hand beobachtet, wie Danny Frauen verteidigte – wie er eine gesunde Kultur und einen sicheren Ort schuf und sie freisetzte, um alles zu sein, was sie wollen und können. Danny reißt die Mauern ein, die Frauen zurückgehalten haben, und öffnet die Türen für Verständnis.

Beni Johnson
Senior Pastorin der Bethel-Gemeinde
Autorin von "*Der glückliche Fürbitter*"

Wenn du gerne heilige Kühe schlachtest, so dass sie nie wieder aufstehen werden, dann ist „*Kraftvoll und Frei*" von Danny Silk definitiv das Richtige für dich. Dieses Buch wird seine Leser sowohl ermutigen als auch herausfordern. Es ist ehrlich und ohne Schutz, und ich bin zuversichtlich, dass viele freigesetzt werden, die sich in seinen Inhalt vertiefen, um ihre Gaben und ihre Berufungen ohne Einschränkung zu entfalten. Danke, Danny, für diesen wunderbaren Segen.

Patricia King
www.xpmedia.com
www.xpministries.com
www.patriciakinglifecoach.com

Dies ist das Buch, auf das ich gewartet habe! In seinem Buch „*Kraftvoll und Frei*" lüftet Danny den Schleier und offenbart eine Wirklichkeit, die für viele Frauen in der Gemeinde besteht. Ich glaube wirklich, dass dieses Buch ein Katalysator ist, um eine neue Bewegung der Freiheit für den Leib Christi in Gang zu bringen. Ich bin begeistert, dass ich meine Empfehlung dafür aussprechen kann und freue mich darauf, die Zeugnisse von veränderten Leben zu hören!

Kim Walker-Smith
Jesus Culture

Das Thema der Bevollmächtigung von Frauen in ihren vollen biblischen Anteil und ihr göttliches Potential hinein war schon seit Jahren eine Leidenschaft von Danny, für die sein Herz brennt. Pfingstliche Denominationen haben schon seit ihrer Gründung Frauen ordiniert und beauftragt. Zuvor hatte James Hudson Taylor ledige Frauen für die Evangelisation von China beschäftigt. Und niemand sah dies als linksgerichtete, revisionistische oder kompromittierende Sache an und die Frucht davon war gut. Das Evangelium von Jesus Christus in die ganze Welt zu tragen ist eine Aufgabe, für die jede Hand benötigt wird. Deshalb ist es erforderlich, dass Frauen ebenbürtige Mit-Arbeiterinnen im Leib Christi sind. Dannys Blick ist auf diese Mission ausgerichtet.

Dr. med. Andre Van Mol
Geprüfter Familienarzt
Ältester der Bethel-Gemeinde Redding
Vorstandsmitglied von "Moral Revolution" ("Ask the Doc"-Blogger) und "PrayNorthstate"

539 v. Chr. warf ein persischer König namens Ahasveros seine Frau aus dem Palast und veranstaltete einen Wettstreit, um eine neue Königin zu finden. Ein jüdischer Mann namens Mordechai tauchte auf der Szene auf und überredete seine schöne Nichte Ester, an dem Wettstreit teilzunehmen; natürlich gewinnt sie. Alles ist gut im Palast, bis ein böser Schurke namens Haman den König überzeugte, alle Juden umzubringen, die in Persien lebten. Mordechai tauchte erneut in Esters Leben auf und bat sie verzweifelt, ihre Gunst einzusetzen, um Hamans Plan zu vereiteln und ihr Volk vor der vollkommenen Zerstörung zu retten. Ester betrat mutig die Kammer des Königs und rettete die Juden schließlich vor der Ausrottung. Ester wurde zu Recht eine Legende, doch ohne Mordechais Ermahnungen wäre sie lediglich ein hübsches Gesicht gewesen und die Juden wären ausgestorben.

Danny Silks Buch *„Kraftvoll und Frei"* ist nicht nur ein weiteres Manuskript über Frauen in Leiterschaft; es ist ein Mordechai-Mandat, das die Töchter des Königs überall auf der Welt ermahnt, ihren rechtmäßigen Platz als Erbinnen des Gnadenthrones einzunehmen. Durch mehrere lebende Beispiele inspiriert Danny die Männer, die Fesseln der Religion abzuwerfen und gegen den Geist der Unterdrückung aufzustehen, indem sie die Frauen bevollmächtigen, um gemeinsam mit ihnen zu leiten.

Eine der fesselndsten Geschichten in *„Kraftvoll und Frei"* ist Dannys persönlicher Weg mit seiner eigenen Ehefrau Sheri. Sein offenes, ehrliches und transparentes Zeugnis über ihre schmerzhafte Ehe und ihren Weg zu Ganzheitlichkeit wird dein Herz berühren. Ihre qualvolle

Beziehung schuf eine Plattform für Danny, durch die er lernte, wie man eine starke Frau befreit, so dass sie aufblühen und Erfolg haben kann. Dieses Buch ist ein Muss für jeden christlichen Mann und jede christliche Frau. Doch SEI VORSICHTIG, denn dieses Buch ist eine Massenzerstörungswaffe gegen die uralten, bösen Festungen, die in den Köpfen von vielen Menschen aufgerichtet wurden, um die Hälfte der Weltbevölkerung einzusperren!

Kris Vallotton
Zweiter Hauptpastor der Bethel-Gemeinde
Mitbegründer der Bethel "School of Supernatural Ministry"
Autor von neun Büchern, unter anderem "Eine Frage der
Ehre: Der übernatürliche Lebensstil der Königskinder"

Ich dachte: *Okay, hier schreibt mal wieder ein Mann etwas über die Rolle der Frauen in der Gemeinde.* Ich war sehr positiv überrascht und beeindruckt von Dannys Perspektive und Herzenshaltung zu diesem Thema. Sogar ich gewann wichtige neue Einblicke. Es ist ein brillantes Buch und ein Muss für Männer und Frauen! Seine Sichtweise ist sehr erfrischend und lebensspendend.

Barbara J. Yoder
Hauptpastorin und führender Apostel des
Shekinah Regional Equipping/Revival Center
Breakthrough Apostolic Ministries Network
www.shekinahchurch.org
www.barbaraYODERblog.com

Danksagung

Danke, Heidi Baker, dass Du uns zeigst, wie man ein kraftvolles Leben führt.

Ein besonderer Dank geht an alle Frauen, die dieses Buch unterstützten. Was wir heute mehr denn je zuvor brauchen, sind Rollenvorbilder für unsere jungen Frauen, denen sie nachstreben können. Danke an euch alle, dass ihr ihnen diese Hoffnung gebt, selbst ihre gottgegebene Berufung als Leiterinnen in Seiner Gemeinde zu finden.

Allison Armerding, du hast es wieder geschafft. Du hast etwas aus meinem Herzen genommen und mir geholfen, es auf eine Weise darzustellen, wie ich es niemals alleine hätte tun können. Ich bin dir auf ewig dankbar für all die großartigen Überarbeitungen und für deine Unterstützung bei diesem Werk.

Amy Calkins, danke, dass du die schwere Last dieses Projektes getragen hast. Du hast dies alles für mich zum Laufen gebracht. Ich würde immer noch nur darüber reden, wenn du nicht gewesen wärst.

Danke an die Damen bei Red Arrow - Vanessa, Renee, Allison, Amy und Jessica. Ihr habt so eine großartige Arbeit geleistet, als ihr dieses Buch veröffentlicht habt. Es ist sogar noch besser, als ich erwartet hatte, und ich habe viel von euch erwartet. Dieses Buch ist wunderschön! Es war eine reine Freude, mit euch allen zu arbeiten.

Rich Schmidt, du bist ein echter Streiter für unsere Frauen. Danke für alle deine theologischen Ratschläge und Informationen.

Linda Lee und Myriah Grubbs, danke, dass ihr alle Hebel in Bewegung gesetzt habt, um dieses Cover zu erstellen. Ich liebe es einfach!

Ein besonderer Danke an alle Frauen, die ihr Herz geöffnet haben, und an die Männer, die wissen, wie sie neben ihren starken Frauen leben.

Lani, danke, dass du Papa einfach erstaunlich aussehen lässt. Ich liebe dich!

Inhaltsverzeichnis

Danksagung 13

Kapitel eins
Die Geschichte von „Kraftvoll und Frei" 23

Kapitel zwei
Kenne deinen Platz 47

Kapitel drei
Die Realität der gläsernen Decke 71

Kapitel Vier
Paulus: Apostel der Freiheit
und Gleichberechtigung 99

Kapitel fünf
Das Haupt und die Gehilfin 127

Kapitel sechs
Die Gaben der Frauen 153

Kapitel sieben
Starke Partnerschaften 179

Kapitel acht
Erlaubnis zur Stärke 207

Nachwort 233

„Ein Mädchen kann heute heranwachsen und nahezu alles werden – Kommandantin einer NASA-Raumstation wie Eileen Collins oder Außenministerin wie Condoleezza Rice oder Vorstandsvorsitzende eines Unternehmens, das auf der Fortune 500-Liste geführt wird, wie Anne Mulcahy von Xerox – aber sie kann keine Pastorin werden, und teilweise noch nicht einmal Predigerin in einigen der größeren christlichen Denominationen. "

RENA PEDERSON
Pulitzer-Preis-Finalistin und Autorin von „The Lost Apostel"[1]

---

1   Rena Pederson, "Paul Praises a Woman Apostle," E-Quality 7.1; www.cbeinternational.org/files/u1/free-art/paul-praises-woman-apostle.pdf (Zugang vom 27.Juni 2012); übersetzt

Vorwort

VON HEIDI BAKER

Danny ist ein beeindruckender Leiter, dessen Leidenschaft für Bundesbeziehungen uns alle inspirieren kann. Seine Sehnsucht danach, dass Frauen zu ihrem vollen Potential heranreifen, ist unerbittlich. Ich bin so dankbar, dass er den Mut hat, starke und gesalbte Frauen in der heutigen Kirche zu ehren. „Kraftvoll und Frei" wird dabei helfen, Frauen zu befreien und sie in ihre wahre Berufung hineinzubringen. Es wird aber auch Männer von der Last befreien, sowohl ein geistlicher Vater als auch eine geistliche Mutter zu sein. Es gibt einen speziellen Platz für alle Menschen im Leib Christi, unabhängig von Geschlecht, Rasse, Volkszugehörigkeit oder sozialem Status. Dannys Aufruf in diesem Buch hat, wenn er ernstgenommen wird, das Potential, die gesamte Kirche zu verändern und Gottes

Volk auf eine neue Ebene der Einheit, Ehre und Liebe für die Herrlichkeit Gottes zu bringen.

Danny erkannte, dass es einen Mangel an „weiblichen apostolischen Leitern in Amerika gibt, die Gemeinden, Denominationen oder Gemeindeverbände leiten." Er will sehen, dass Frauen in der Gemeinde auftauchen, die „in einem positiven Licht gesehen" werden können. Ich würde es ebenfalls liebend gerne erleben, dass mehr Frauen innerhalb der Kirche erhoben und freigesetzt werden. Ich wuchs in einem Gemeindekontext auf, in dem es keine vollmächtigen Frauen gab. Ich hatte keine weiblichen Prediger erlebt, und als ich mit sechzehn die Berufung zum Predigen bekam, predigte ich jedem, der mir zuhören wollte. Damals bedeutete dies, dass ich auf den Straßen predigte. Seit damals wurde auf mich geschossen, ich wurde verprügelt, stranguliert, lächerlich gemacht, mit Messern an der Kehle bedroht und in drei Ländern ins Gefängnis geworfen. Ich bin einfach nur eine winzig kleine schmutzige Mama, die Trägerin Seiner Herrlichkeit für diese Generation sein möchte, die zu Jesus kommt. Wie auch immer dies aussehen mag, ich möchte, dass Gottes Liebe und Herrlichkeit aus meinem kleinen, hingegebenen Leben hervor strahlen. Wenn jeder von uns, Männer und Frauen, mit willigem Herzen Ja sagen zu Gott, dann werden wir sehen, wie sich die Dinge im Natürlichen und in der geistlichen Welt verändern. Es ist erstaunlich, dass sich gerade der Sohn Gottes offenbart und gedemütigt hat, indem Er im Leib einer Frau geboren wurde. Dabei gab es zudem ein wunderschönes Zusammenwirken von Maria, Jesus, dem Vater und dem

Heiligen Geist – alle sagten in Einheit Ja. Jesu Leben war abhängig von Maria. Er kam nicht aus dem Mutterleib heraus und sagte. „Folgt mir; ich bin der Sohn Gottes." Er kam bedürftig aus dem Mutterleib heraus und wurde an der Brust Seiner Mutter gestillt.

Maria hatte die große Berufung, den Sohn Gottes freizusetzen. Sie musste aber auch den Tadel ertragen. Sie trug eine Bestimmung in sich, die missverstanden wurde. Für die Welt sah sie wie eine unreine Frau aus. Keiner verstand sie, und dennoch sagte sie Ja zu Gott, und zwar so entschieden, dass sie ihr Wunderkind unter großen Kosten versorgte. Viele Frauen fühlen sich vielleicht so ähnlich wie Maria. Männer, die nachempfinden, wie Frauen über die Jahre hinweg behandelt wurden, spüren es vielleicht auch. Egal, was die Leute vielleicht denken werden, es ist wichtig, dass wir das tragen, was Gott in uns hineingelegt hat.

Gott hat starke Verheißungen und Berufungen sowohl in Männer als auch in Frauen hineingelegt. Jetzt ist die Zeit, um mit unserem Herzen, unserem Verstand und unserem Geist den Preis zu bezahlen, den unser Ja dazu kosten wird, egal wie hoch er ist. Ein Schlüssel, um die Kirche in ihre Bestimmung hineinzubringen, wird es sein, dass wir in unseren Kirchen Raum für vollmächtige Frauen schaffen, damit sie erstrahlen können. Lasst uns ein Volk sein, das Ja sagt zur Freisetzung von Frauen, die ihre gottgegebene Bestimmung innerhalb unserer Generation erfüllen. Egal, ob wir verleumdet, verspottet, verfolgt oder sogar missverstanden werden, es ist an der Zeit, dass wir alle Ziele verfolgen, die Gott für uns hat, egal wie sie aussehen mögen.

Es gibt vielleicht Widerstand, wenn starke Frauen zum Dienst freigesetzt werden; dennoch wird die Belohnung den Preis vielmals aufwiegen.

Als Söhne und Töchter wollen wir uns selbst täglich vor Ihm ausstrecken und Ihn bitten, uns auf tiefere Weise zu begegnen. Egal, ob wir reich oder arm sind, in einer Lehmhütte oder auf der Wallstreet leben, ob wir Männer oder Frauen sind – Er will die Grenzen sprengen, die die Ausbreitung Seines Reiches in und durch unser Leben einschränken. Egal, ob es sich um die Begrenzung eines Baptisten oder eines Pfingstlers handelt, eine Leitungs- oder Geschlechtsbeschränkung – es ist eine Grenze, die Gott sprengen will, damit Er uns mehr von sich selbst geben kann. Wir können uns nicht vorstellen, wie herrlich, fantastisch und wertvoll Gottes Berufung in unserem Leben ist. Alles, was wir wirklich tun müssen, ist jeden Tag, für den Rest unseres Lebens, Ja zu sagen.

Wenn du beginnst, *„Kraftvoll und Frei"* zu lesen, dann bitte ich dich, ein wirklich mutiges Gebet zu beten. Ich bitte dich zu beten, dass Gott deine Grenzen sprengt. Was auch immer deine Grenze im Leben als Christ ist – im Dienst, in der Mission, in deinem Leitungsverständnis in der Gemeinde – egal, was du als gegeben angesehen hast, was immer du dir ausgemalt hast – bitte Ihn einfach, es zu durchbrechen und dir eine größere Kapazität zu geben, um Seine Herrlichkeit zu tragen. Herr, es ist uns egal, was es uns kostet; wir wollen Ja sagen zu allem, was Du für uns in unserer Generation hast. Wir wollen Deine Verheißung tragen. Sprenge unsere Grenzen. Durchdringe uns und gib uns die Beharrlichkeit, das zu tun, worum du uns gebeten hast. Wir wollen die Verheißung austragen, die du in uns hineingelegt hast. Ich bitte um das Wunder des Mutes, dass Frauen auf neuen Ebenen in der Gemeinde freigesetzt werden. Ich bitte um Bundesbeziehungen, in denen radikale Liebe zwischen Ehemännern und Ehefrauen und zwischen Männern und Frauen fließt. Bitte bewirke eine noch größere Einheit in die Kirche – zu Deiner Ehre und zum Lob Deines Namens. Wir wollen eine Generation sein, die Deine Absichten in ihrem Leben erfüllt, egal, was es kostet. Bitte gib uns den Mut, um uns auf höhere Ebenen zu erheben – zu Deiner Ehre. Wir wollen jede gläserne Decke zerbrechen, die uns zurückhält von all den Dingen, die Du für uns hast. Ich bete, dass *„Kraftvoll und Frei"* sowohl Männern als auch Frauen helfen wird, immer tiefer in ihre erstaunlichen, gottgegebenen Berufungen hineinzutreten.

Heidi Baker, PhD
Gründerin und Direktorin von Iris Ministries

Kapitel eins

Die geschichte von „Kraftvoll und Frei"

Der Dezember war mal wieder in Weaverville, Kalifornien eingezogen. Ich lag wach in meinem Bett und beobachtete den Schnee. Dabei träumte ich wie jedes achtjährige Kind vom Nikolaus und den vielen Spielsachen auf meiner langen Wunschliste.

Plötzlich hörte ich einen gurgelnden, schmerzvollen Schrei aus der Küche, der mich aus meiner Träumerei riss. Mit klopfendem Herzen kroch ich aus meinem Bett und schlich in den Flur, um die Lage zu peilen.

Was ich sah, lähmte mich.

Dort stand Doug, der damalige Freund meiner Mutter – ein 1,95m großer, 250 Pfund schwerer Koloss. Seine riesigen Hände lagen um den Hals meiner Mutter und er drückte ihren zierlichen Körper an die Wand, als wäre sie eine Stoffpuppe. Ihre Füße baumelten etliche Zentimeter über dem Boden.

Doug sah mich, wie ich dort im Türrahmen stand. Er ließ meine Mutter fallen, die leblos auf dem Linoleumboden liegenblieb, und wandte sich mit wildem Blick in meine Richtung. Ich rannte den Flur hinunter in mein Schlafzimmer und schlug die Tür hinter mir zu. Zitternd sprang ich auf mein Bett und wappnete mich davor, dass Doug gleich hereinstürzen würde.

Doch er kam nie. Stattdessen vernahm ich ein unterdrücktes Rascheln aus dem Zimmer meiner Mutter. Kurz darauf schlug die Haustüre zu und nur wenige Momente später hörte ich, wie der Volkswagen zum Leben erwachte, während seine Räder im Schnee knirschten und schlitterten, als Doug davonraste.

Als das Motorengeräusch verklungen war, rutschte ich aus meinem Bett und rannte in die Küche, um zu sehen, ob meine Mutter noch lebte. Sie lag immer noch auf dem Fußboden, wo Doug sie fallengelassen hatte, doch sie atmete. Ich stand wie versteinert da und beobachtete, wie sie hustend und schluchzend wieder zu sich kam. Schließlich richtete sie sich auf und schaute mich an. Keiner von uns sagte ein Wort.

Noch schwach stand meine Mutter auf und ging langsam in ihr Zimmer. Dort entdeckte sie, dass Doug zusammen mit ihrem Auto auch all das Geld gestohlen hatte, das sie für Weihnachten zur Seite gelegt hatte.

Doch Doug hatte uns noch mehr geraubt. An diesem Abend zerstörte er den letzten Rest Sicherheit, den es in unserem Zuhause gab. Dies war der Abend, an dem ich zum ersten Mal Angst und Schrecken erlebte.

Dies war der Abend, an dem ich mich zum ersten Mal machtlos fühlte.

Traurigerweise war Doug nur der Erste in einer langen Reihe von Männern, die in meiner Kindheit auftauchten, während meine Mutter erfolglos nach einem guten Partner und Vater für ihre Jungs suchte. Meine Erinnerungen an diese Zeit sind eine verschwommene Aneinanderreihung von schrecklichen Abschnitten, in denen sie und ein Mann sich gegenseitig anschreien, Dinge zerbrechen und einander bedrohen, während sich mein Bruder Jonny und ich im Nebenzimmer versteckten.

Jedes dieser Ereignisse hämmerte mir dieselbe bittere Wahrheit ein. Ich war ihr ältester Sohn. Ich sollte sie eigentlich beschützen. Doch ich konnte es nicht. Ich war ein Kind. Egal, wie sehr ich sie auch beschützen oder die Umstände verändern wollte, ich konnte nichts tun.

Als ich erwachsen wurde, übernahm ich ganz selbstverständlich diesen Glauben, dass Überleben meine einzige Option war. Ich verbrauchte fast meine ganze Energie dafür, denen zu entkommen, die mich durch ihre Macht missbrauchen könnten. Gleichzeitig hegte ich einen tiefen Zorn in meinem Herzen. Dieser Zorn war meine Kraft und ich wandte ihn gegen Dinge und Menschen an, von denen ich wusste, dass sie nicht zurückschlagen konnten – manchmal auch gegen meinen kleinen Bruder Jonny, das muss ich leider zugeben.

Dann, als ich einundzwanzig Jahre alt wurde, trat Gott in mein Leben. Durch eine Reihe von wundersamen Umständen, übergab ich mein Leben Jesus Christus. In diesem Moment verdrängte Hoffnung und eine neue

Erwartungshaltung meinen bisherigen Überlebensmodus. Die Gläubigen, denen ich begegnete, waren ebenfalls mit dieser Hoffnung gefüllt. Ich hatte nie zuvor solche Menschen kennengelernt. Sie erwarteten, dass sie selbst und auch die Menschen um sie herum sicher, siegreich und kraftvoll waren. Zum ersten Mal begann ich zu glauben, dass ich noch etwas anderes sein konnte, als ein Überlebender. Ich hatte eine außergewöhnliche Berufung. Alles lief perfekt. So dachte ich zumindest.

Im Schmelztiegel

Ich ahnte nicht, dass ich einen langen Weg vor mir hatte, um mein Überlebens-Denkmuster zu entwirren – einen Weg, auf dem ich lernte, eine Frau zu lieben. Die erste Stufe dieser außergewöhnlichen Bestimmung bestand im Wesentlichen darin, die Wirklichkeit meiner Kindheit grundlegend zu revidieren, in der ich vollkommen machtlos war und die wichtigste Frau in meinem Leben nicht beschützen konnte. Und das war nicht leicht. Wie du gleich lesen wirst, brauchte ich dazu nur etwa ein Jahrzehnt! Doch dieser Weg sollte der Schmelztiegel werden, in dem die Botschaft meines Lebens geschmiedet wurde – eine Botschaft über Gottes Vorstellung von Beziehungen im Reich Gottes. Diese Botschaft bildet das Fundament von allen meinen Lehren. Das gilt auch für die Dinge, die ich über die Bevollmächtigung von Frauen in der Kirche zu sagen habe.

Doch zurück zum Beginn dieser Reise. Die Frau, von der ich spreche, ist natürlich meine Ehefrau Sheri. Sheri und ich wuchsen beide in Weaverville auf, gingen in dieselbe Mittelschule und begegneten Jesus etwa zur selben Zeit in derselben Gemeinde. Als wir jedoch anfingen, uns näher kennenzulernen, wurde ziemlich schnell deutlich, dass dies auch schon alles war, was wir gemeinsam hatten. Sheri war das genaue Gegenteil von mir – extrovertiert, ambitioniert und einflussreich. Ihre Mutter Norma sagte einmal: „Sheri ist noch nie in ihrem Leben jemandem begegnet, bei dem sie sich fremd fühlte." Damals hatte sie bereits ihre eigene Firma. Dieses Mädchen war *wirklich erfolgreich*. Und ich hatte kein Problem damit. Was machte es schon, dass ich nicht so ehrgeizig oder kontaktfreudig war wie sie? Was war schon dabei, dass ich erst langsam begann, andere Dinge als das reine Überleben in den Blick zu bekommen? Wir liebten beide Jesus und wir liebten einander – alles andere war doch unwichtig, oder?

Du kannst dir wahrscheinlich vorstellen, was als Nächstes geschah. Dein Gegenstück zu heiraten funktioniert nur dann, wenn man weiß, wie man miteinander kommunizieren und Konflikte lösen kann. Sheri und ich kamen beide aus Familien, die in dieser Hinsicht völlig ahnungslos waren. Wir waren beide als Abwehrspieler aufgewachsen. Intimität und Vertrauen waren fremde Denkmuster für uns. Wir wussten nicht, wie man bei sämtlichen Entscheidungen, Handlungen und Einstellungen um eine Verbindung und um Einheit kämpfen konnte. Und nicht nur das, ich wusste einfach nicht, wie ich mit einer starken Frau wie Sheri umgehen sollte. Ich war es gewohnt, in Beziehungen mit Frauen, meinen Willen zu bekommen. Ich dachte tatsächlich, ich hätte so eine Art magisches „Glückspulver", das ich verwenden konnte, um die Frauen in meinem Leben glücklich zu machen, damit sie anschließend dem zustimmten, was immer ich tat. Doch das „Glückspulver" funktionierte bei Sheri nicht. Sie hielt hartnäckig daran fest, dass unsere Ehe nicht nur darin bestünde, dass eine Person die andere übervorteilte. Sie beharrte darauf, dass ihre Meinung und ihre Stimme zählten, und sie kämpfte darum, in die Visionen, die Entscheidungen und Ziele unserer Familie mit einbezogen zu werden.

Ich hatte nur ein Raster, mit dem ich Sheris unnachgiebigen und oftmals zornigen „Widerstand" verstehen konnte. Alles, was ich erkennen konnte war, dass ich mir irgendwie genau die eine Sache, vor der ich mich vor meiner Entscheidung für Christus am meisten gefürchtet hatte, durch die Ehe für immer in mein Leben geholt hatte – eine starke Person, die meine Macht bedrohte. Als unsere Beziehung durch Konflikte zunehmend belastet wurde, kamen all die vertrauten alten Gefühle der Machtlosigkeit und des Zornes wieder in mir hoch. Doch dieses Mal wusste ich, dass ich nicht auf meine Überlebensstrategien „Kampf oder Flucht" zurückgreifen konnte. Ich hatte vor Gott ein Gelübde abgelegt, dass ich Sheri in Treue lieben und ehren würde, bis dass der Tod uns scheidet. Ich stellte mir folgende Fragen: *Was soll ich nur tun? Christus anzunehmen war so befreiend und hoffnungsvoll. Doch meine Ehe steckt in einem Kriegsgebiet fest. Wie passen Hoffnung und Freiheit zu meiner Beziehung mit Sheri?*

Bevor ich in die Gemeinde kam, war ich dem Chauvinismus oder einer Mann-Frau-Hierarchie nur selten ausgesetzt gewesen. Meine Mama war die einflussreichste Person in meinem Leben und es gab absolut keine starken Männerfiguren in meiner Welt. Doch als ich verzweifelt nach „göttlichen" Hilfsmitteln suchte, um die instabilen Kräfteverhältnisse in meiner Ehe zu bewältigen, stolperte ich über den Gedanken, dass in einer christlichen Ehe der Mann das „Haupt" ist und nicht die Frau. Genau genommen musste mich niemand in der Gemeinde darüber belehren, dass Männer wichtiger, wertvoller und stärker waren, als Frauen. Ich schnappte es einfach so auf. Es schien der Standard in der christlichen Kultur zu sein. Ich entdeckte scheinbar offensichtliche Verse in der Bibel, die diesen Glauben stützten – wie die Verse, die es Frauen verbieten, in der Gemeinde zu sprechen oder Autorität einzunehmen, und die Verse, die über das Bedecken des Kopfes und das Ablegen von Schmuck sprachen. Zugegeben, auch wenn ich später erfuhr, dass es tatsächlich Gemeinden gab, die diese Verse wörtlich nahmen, so kannte ich selbst niemanden, der dies tat. In unserer Gemeinde sprachen die Frauen, und einige Frauen lehrten sogar von vorne. Keine Frau bedeckte ihren Kopf und die meisten Frauen, die ich kannte, trugen Schmuck und Make-up. Dennoch begrüßte ich heimlich die Vorstellung, dass Gott von mir als Mann wollte, dass ich über die Frau in meinem Leben herrschte, und diese Bibelstellen gaben mir im Grunde genommen das „letzte Wort" und die Trumpfkarte, die ich als Ehemann verwenden konnte.

Die Trumpfkarte funktionierte nur ein bisschen besser als das Glückspulver. Sheri kannte die Bibelverse auch, und sie hatte größere Schwierigkeiten, um sie vom

Tisch zu wischen. Dennoch frustrierte es sie zutiefst, mir diese Macht über sich einzuräumen, und es half unserer Beziehung nicht gerade. Ich erinnere mich an unzählige Male, als ich mich mitten in einer Auseinandersetzung weigerte, eine abschließende Entscheidung zu überdenken, die ich als „Haupt des Hauses" getroffen hatte. Sheri schrie mich dann an: „Ich weiß schon, weil du der Mann bist, nicht wahr?" Ich konnte nie verstehen, warum sie so ärgerlich war. Ich hatte nie das Gefühl, dass ich sie dominieren würde oder tyrannisch in unserer Beziehung war. Ich kann mich ehrlich nicht daran erinnern, dass ich jemals eine Entscheidung fällte, in der ich ihre Bedürfnisse nicht berücksichtigte. Dennoch fühlte sich Sheri mit meiner Veto-Macht und mit der ihr zugeteilten Position der „Unterordnung" als christliche Ehefrau unwohl. Die Tatsache, dass sie in einer wichtigen Entscheidung übergangen werden *konnte*, einfach weil ein religiöses Konzept besagte, dass sie weniger Macht hatte, war ihr unangenehm und verletzte unsere Beziehung.

Ein besserer Weg

Der Wendepunkt in unserer Ehe kam schließlich, als Sheri einen Gebetstermin für einen Heilungs- und Befreiungsdienst namens Sozo[2] vereinbarte. Ich hoffte, dass sie nach dieser Erfahrung nach Hause kommen und mir erzählen würde, dass Gott ihr geholfen hatte, um einige ihrer Probleme durchzuarbeiten (oh ja, ich war „so ein" Typ). Stattdessen verkündete sie, dass, laut Aussage

---

2   Mehr Informationen zu Sozo findest du unter www.bethelsozo.de

des Heiligen Geistes, die Wurzel der meisten Probleme in ihrem Leben die Tatsache war, dass sie sich niemals beschützt gefühlt hatte – genauer genommen, dass *sie sich niemals durch mich beschützt gefühlt hatte.*

Was? Einen Augenblick mal... könntest du das nochmal wiederholen?

Sheris Offenbarung erschütterte mich zutiefst. Der Gedanke, dass ich diese energiegeladene und oft ärgerliche Person beschützen sollte, verwirrte mich vollkommen. Sie schien doch immer selbst in der Lage zu sein, sich zu verteidigen. *Vielen Dank auch!*

Doch so verrückt diese Offenbarung mir auch erschien, so konnte ich doch nicht verleugnen, dass Sheri tatsächlich von Gott gehört hatte. Ich musste anerkennen, dass Gott einen kompletten Paradigmenwechsel in mir durchführen wollte. Ich sollte die Art und Weise verändern, wie ich meine Frau ansah und behandelte.

Nachdem ich diese bittere Pille geschluckt hatte, ging mir ein Licht auf. Ich begann die vielen Arten zu erkennen, wie ich mich im Umgang mit Sheri stets *selbst* beschützte, und dann erkannte ich, wie diese Schutzmaßnahmen zu Trennung und Zwietracht in unserer Beziehung führten. Wenn Sheri und ich zum Beispiel über ein Problem diskutierten, das sie mit einer anderen Person hatte und ich dachte, dass Sheri im Unrecht sei, dann endete es in der Regel damit, dass ich die andere Person verteidigte. Anstatt sie zu bestätigen und ihr gegenüber als Ehemann loyal zu sein, solidarisierte ich mich mit denjenigen, die ich als ihre Opfer ansah und überließ es dann ihr, sich selbst zu verteidigen. Wenn sie sich schließlich missverstanden, verlassen und betrogen fühlte, dann ließ sie es natürlich an mir aus – und damit gab sie mir einen Grund, um mich noch mehr zurückzuziehen.

Irgendwann dämmerte mir die Wahrheit: Als ich heranwuchs, fühlte ich mich ungeschützt, und ich hatte eine Frau geheiratet, die sich in ihrer Kindheit ebenfalls ungeschützt gefühlt hatte. Das Einzige, was wir kannten, war uns selbst zu beschützen. Und eine Ehe zwischen zwei Menschen, die sich voreinander beschützen, ist von Grund auf gefährdet. Obwohl ich Sheri mein Herz versprochen hatte, hatte ich letztendlich den Großteil meines Lebens damit verbracht, mich selbst - und bis zu einem gewissen Teil auch den Rest der Welt – *vor ihr* zu beschützen. Und damit musste ich aufhören. Wir mussten es beide tun. Wir mussten unsere Beziehung neu auf der Priorität aufbauen, dass wir einander beschützen werden.

Um diese Kreisläufe des Selbstschutzes in unserer Beziehung zu brechen, musste ich Buße tun, weil ich den Zorn meiner Frau als Entschuldigung dafür genutzt hatte, dass ich mich von ihr entfernte. Die einzigen mir bekannten Methoden, um mit ihrem Ärger umzugehen, waren Ablenkung oder Rückzug. Statt mich meinen Ängsten zu stellen und zu versuchen, sie zu verstehen und ihr zu helfen, hatte ich Beweise gesammelt und meine Position als „Haupt" und andere Entschuldigungen benutzt, um zu rechtfertigen, dass ich mich ihr verweigerte. Ich musste meine Beweise fallenlassen und anfangen, für Sheri ein echter Partner zu werden – eine Ehemann, der ihr seine Kraft zur Verfügung stellt, *ganz gleich, was passieren würde.*

Als ich anfangs versuchte, auf Sheri zuzugehen und sie mitten in einem Konflikt zu bestätigen, stieß sie zunächst nur noch fester zu, um meine Entschlossenheit zu testen. Ich musste beweisen, dass ich für sie und nicht gegen sie kämpfen würde. Ich musste den Drachen ihrer Ängste töten und ihr Herz gewinnen. Als ich mich nicht zurückzog und ständig auf ihr Herz achtete, hörte sie allmählich auf, die alten Mauern des Zornes aufzurichten und begann mir zu zeigen, was hinter ihnen steckte – eine verletzte, verängstigte Frau, die meine Stärke, meinen Trost und meine Freundschaft brauchte. Ich hatte das Privileg, eine verletzliche, feminine Sheri kennenzulernen, die meinen Schutz nicht nur brauchte, sondern die ich wirklich gerne beschützen wollte.

Damit ich lernen konnte, meine Frau zu beschützen und mich auf sie zuzubewegen, musste ich wie nie zuvor Zugang zu meiner inneren Stärke bekommen. Zum ersten Mal in meinem Leben entdeckte ich, was es bedeutete, eine kraftvolle Person zu werden: jemand, der seinen Mann stand und mit Sheris Zurückweisung konstruktiv umgehen konnte – wie ein Kraftsportler, der mit Gewichten trainiert. Ich erkannte auch, dass ich stark genug sein musste, um verletzlich zu sein, stark genug, um Sheri in mein Herz zu lassen und stark genug, um ihr zu vertrauen, dass sie *mein* Herz beschützen würde. Ich musste großen Wert auf ihre Meinung legen, und auf das, was sie mir anzubieten hatte.

Im Laufe der nächsten Jahre verwandelten Sheri und ich unsere Ehe durch permanentes Training in eine starke Partnerschaft. Wir lernten, wie wir sicherstellen konnten, dass bei Entscheidungen beide Stimmen gehört und unsere Bedürfnisse befriedigt werden. Wir lernten, „unsere Liebe anzulassen" und uns aufeinander zuzubewegen, auch wenn dies beängstigend war. Wir wurden Experten darin, Raum für die Stärken des anderen zu machen, und wir lernten, wie wir einander beschützen, wenn unsere Schwächen offenbar wurden oder unsere Energie zur Neige ging. Und wir lernten, einander zu vertrauen, dass der andere unser Herz beschützen würde, während jeder von uns auf seinem Gebiet und in seinem Einflussbereich nach Wachstum strebte.

Und noch etwas – wir zerrissen meine Trumpfkarte. Die Mann-Frau-Hierarchie, die wir in der Kirche aufgeschnappt hatten, machte letztendlich nur mich zu einer kraftvollen Person in unserer Beziehung, und das verletzte uns beide. Keiner von uns konnte sich entwickeln, solange unsere Beziehung auf Misstrauen und Machtspiele, anstatt auf Beziehung und Aufteilung der Macht aufgebaut war. Mit meiner Trumpfkarte hatte ich unbewusst für Sheri genau das Szenario der Machtlosigkeit neu erschaffen, das ich als Junge erlebt hatte – und das musste aufhören. Gott sei Dank zog das Königreich des Himmels in unsere Ehe ein und lehrte uns einen besseren Weg.

Ein konsequentes Reich Gottes-Paradigma suchen

Sheri und ich lebten und lehrten nun diesen besseren Weg seit über zehn Jahren überall auf der ganzen Welt. Es zeigte sich, dass die Vermittlung einer Reich-Gottes-

Vision in einer starken Partnerschaft im Leib Christi, die zweite Stufe meiner Bestimmung war, die Gott damals initiierte, als Er mein Leben übernahm. Es war wunderbar zu sehen, wie durch die Weitergabe der Wahrheiten, Werkzeuge und Grundwerte, die unsere Ehe und Familie verwandelt hatten, auch Veränderungen in unzähligen anderen Leben geschehen konnten. Doch im Verlauf dieses Prozesses kristallisierte sich eine neue Stufe unserer Bestimmung heraus. Sheri und ich haben festgestellt, dass wir nicht nur die Beziehungsdynamiken in Ehen und Familien ansprachen, sondern auch die allgemeinen Dynamiken in der Kirche und der Gesellschaft.

Diese Stufe begann teilweise[3], als wir mit sehr realen Unstimmigkeiten konfrontiert wurden – nicht nur im Hinblick auf die traditionelle Mann-Frau-Hierarchie in christlichen Ehen, und unsere Botschaft von starken, gleichberechtigten Mann-Frau-Partnerschaften handelte, sondern auch im Hinblick auf diese Botschaft und die Tatsache, dass Männer und Frauen nicht annähernd gleich stark in der Gemeindeleitung vertreten sind. Wir entdeckten, dass es eine direkte ideologische und kulturelle Verbindung zwischen der Hierarchie in der Ehe und der männerdominierten Leiterschaft in der Kirche gibt. Beide Tatsachen gehen Hand in Hand und senden eine grundsätzliche Botschaft über die Geschlechter im Leib Christi. Sheri und ich begannen zu erkennen, dass wir zwar Männern und Frauen viel über starke Partnerschaften in der Ehe lehren konnten, doch die Glaubenden und

---

3   Ich behandle andere Aspekte der Gemeindekultur in meinen Büchern "Erziehung mit Liebe und Vision" und "Kultur der Ehre".

Gemeinden würden weiterhin nur eingeschränkt in der Lage sein, eine echte Gleichberechtigung und Partnerschaft der Geschlechter in jedem Bereich umzusetzen, wenn dies nicht auch in der Leitungsstruktur zum Ausdruck gebracht wird.

Dieser Erfahrung war persönlich, gelinde gesagt. Sheri und ich sind beide Gemeindeleiter. Den Kontrast zwischen meiner Wirklichkeit als Leiter und der Wirklichkeit meiner Frau konnten wir unmöglich ignorieren. *Bitte versteht mich richtig.* Ich muss zuerst einmal sagen, dass unsere Heimatgemeinde, die Bethel Church, im weltweiten Vergleich eine der Gemeinden ist, die besonders frei und bevollmächtigend ist. Wir glauben ernsthaft an die Gleichheit von Männern und Frauen vor Gott, und Frauen zu bevollmächtigen, steht schon seit einer ganzen Weile auf unserer Agenda. Doch ich habe dieses Buch genau aus dem Grund geschrieben, dass sogar eine so freie und starke Gemeinde wie Bethel den kulturellen Normen einer männerdominierten Leiterschaft nicht entfliehen kann – ganz zu schweigen von den meisten Gemeinden, mit denen ich in Verbindung stehe. Dadurch haben sich schon viele Frauen den Kopf an der gläsernen Decke angestoßen.

Sowohl Sheri als auch ich sind uns vollkommen darüber im Klaren, dass keine einzelne Person und auch keine Gemeinde für diese Norm verantwortlich ist. Wie wir im nächsten Kapitel aufzeigen werden, ist es einfach eine Strömung unserer gefallenen Natur. Du musst das nicht erst lernen; du nimmst es wie die Luft zum Atmen ganz einfach in dich auf. Doch meine Frau wurde geboren, um

Dinge in Bewegung zu bringen und aufzuwühlen. Sheri brachte dieselbe Leidenschaft für Gleichberechtigung und die Aufteilung der Macht in ihre Position als Leiterin mit, die sie auch in unserer Ehe eingebracht hatte. Und während sie als Leiterin darum kämpfte, „etwas zu bewegen", begannen wir zu erkennen, wie normal ihre Situation war. Wir bemerkten, dass es praktisch keine Frauen in den Hauptleitungsteams der Gemeinden in unserer Bewegung gab – wirkliche Leiterinnen, nicht nur die Ehefrauen der Leiter. Wir hörten unzählige Geschichten über vollmächtige und begabte Frauen, die sich danach sehnten, der Gemeinde zu dienen. Am Ende gaben sie dies jedoch oftmals auf und suchten in anderen Bereichen nach Möglichkeiten, in denen sie ihr Potential ausschöpfen konnten und nicht in einen „Frauendienst" verbannt wurden. Es gab eine große Diskrepanz zwischen den Erzählungen, die wir von den männlichen Pastoren erhielten, die bestätigten, dass Frauen in ihren Gemeinden bevollmächtigt werden, und den Geschichten, die uns die Frauen aus ihren Gemeinden erzählten, die zugaben, dass sie sich ungesehen, ungehört und unterschätzt fühlten. Wir erkannten auch immer mehr, wie sehr eine männerdominierte Leiterschaft das Wachstum der Gemeinde einschränkte und die Vorteile zunichtemachte, die begabte Frauen dem Leib Christi zu bieten haben. Ich erinnere mich daran, wie ich bei einer Leiterkonferenz neben einer Frau saß, die mir erzählte, sie wäre Geschäftsführerin eines Krankenhauses. Als sie mir die Anforderungen beschrieb, die ihre Arbeit an sie stellte, wurde mir sofort klar, dass ich neben einer Frau mit unglaublicher Intelligenz und einer enormen Leitungsbegabung saß. Sie erzählte mir weiter, dass sie versucht hatte, sich mehr in ihre Gemeinde einzubringen, wobei man sie an das Frauenkomitee verwies, in dem sie mitmachen könnte. Bei dem ersten Treffen, an dem sie teilnahm, verbrachten die Frauen beinahe ein Drittel der Zeit damit, über die Serviettenarrangements für die kommende Gemeindeveranstaltung zu sprechen. Am Ende des Treffens lehnte sich diese Frau zu einer Freundin hinüber und sagte: „Also, ich werde nicht mehr zu diesen Treffen kommen."

Ich kann dir gar nicht sagen, wie viele solche Geschichten ich schon gehört habe. Was sagt das über die Kirche aus, wenn wir professionelle Frauen damit abspeisen, sich um Serviettenarrangements zu kümmern, anstatt sie zum Beispiel im Gemeindevorstand mitarbeiten zu lassen? Zumindest bedeutet es meiner Meinung nach, dass wir *uns etwas entgehen lassen.*

Kris Vallotton und ich haben dieses Thema beide in unserem Dienst mit Gemeindeleitern verfolgt. Vor einigen Jahren reisten Kris und ich in eine bestimmte Gemeinde, und am ersten Abend unseres Aufenthaltes aßen wir mit dem Pastor und seiner Frau zu Abend. Während des Essens zeigte Kris plötzlich auf die Ehefrau, die eine sehr radikal Glaubende, doch zugleich eine sehr leise sprechende Frau war. Er sagte: „Ich bin wirklich beeindruckt von dir! Warum nimmst du nicht deinen Platz als Autoritätsperson in deiner Umgebung ein?"

„Ich verstehe nicht, was du meinst", sagte sie.

„Der Herr hat mir gezeigt, dass du befördert werden sollst, um gemeinsam mit deinem Mann zu arbeiten und die Autorität in diesem Umfeld mit ihm zu teilen", fuhr Kris fort.

Sie schaute zu ihrem Ehemann.

Er schaute sie an. Dann schauten beide zu Kris und fragten: „Was bedeutet das?"

„Ich weiß es nicht", antwortete Kris ehrlich.

Am nächsten Tag trafen wir uns mit den Ältesten der Gemeinde, um über verschiedene Themen zu sprechen. Eines der Themen war dabei, dass ihr Wachstum seit einigen Jahren nur noch begrenzt war. Wir begannen weitere Fragen zu stellen und entdeckten, dass sie ein sehr apostolisches und prophetisches Leben in ihrer Gemeinde hatten. Zeichen und Wunder geschahen, prophetische Teams dienten sehr präzise und die Menschen wurden in ein übernatürliches Umfeld hineingeführt. Das Problem war, dass die Menschen die pastorale Betreuung vermissten. Sie fühlten sich nicht ernährt oder verbunden, und deshalb blieben sie nicht in der Gemeinde.

Nachdem er ihren Erklärungen zugehört hatte, fragte Kris: „Wo sind die Frauen in eurer Leiterschaft?"

Die Ältesten schauten sich überrascht an. Sie hatten *keine* weiblichen Leiter. Der Pastor ergriff das Wort. „Ich bin hier seit siebzehn Jahren und wir hatten noch nie Frauen auf dieser Ebene."

Kris schaute ihn demonstrativ an. „Ihr habt bewusst keine vollmächtigen Frauen hier und das ist der Grund für eure Begrenzung. Ihr habt keine Frauen an der Spitze, die in eurem Umfeld Autorität, Einfluss und Entscheidungskompetenz haben. Wenn ihr die Frau aus einer Familie entfernt, dann werden die Qualitäten ihrer Anwesenheit aus dieser Familie entfernt."

Dies ist der Kern meiner Botschaft und die Wirklichkeit, von der ich spreche. Ich sage nicht, dass alle Frauen *generell* ein „pastorales" Element in die Gemeinde hineinbringen. Ich sage, dass wir für eine Reich-Gottes-Gemeindekultur vollmächtige Männer und vollmächtige Frauen auf jeder Ebene brauchen, genauso wie man für eine Reich-Gottes-Ehe einen vollmächtigen Mann und eine vollmächtige Frau benötigt. Im Moment haben wir das nicht. Stattdessen haben wir eine männerdominierte Leitungsstruktur, die der Kirche die Botschaft vermittelt, dass Frauen nicht so wertvoll, begabt und gesalbt sind wie Männer.

In meinem Buch *„Kraftvoll und frei"* machen wir uns auf den Weg, um einige der grundlegenden Ursachen für dieses Problem zu erforschen. Fehlendes Bewusstsein ist ein wichtiger Grund dafür. Viele Glaubende sind sich ihrer eigenen Vorurteile gegenüber den Geschlechtern überhaupt nicht bewusst, und sie wissen auch nicht, woher diese stammen. Sie wissen nicht, was es für Frauen tatsächlich bedeutet, in der Kirche zu leiten und dabei die gläserne Decke zu erleben. Sie wissen nicht, was die Bibel eigentlich über das „Haupt", die „Unterordnung" und „Frauen mit Autorität" lehrt. Sie haben keine klare Vorstellung von Gottes Plan für die verschiedenen Geschlechter und keine Vision von starken Mann-Frau-Partnerschaften. Und sie wissen nicht, wo sie anfangen sollen, um eine Kehrtwende zu vollziehen. All dies und mehr steckt in den folgenden Seiten.

Was bedeutet es, kraftvoll und frei zu sein?

Bevor wir uns jedoch diesen Seiten zuwenden, möchte ich dieses Kapitel mit einer kurzen Erklärung zum Titel des Buches schließen. *Kraftvoll* und *Frei* sind Begriffe, die in der westlichen Kultur häufig missverstanden und missbraucht worden sind. *Gleichberechtigung der Geschlechter* ist ebenfalls ein Begriff, mit dem keine besonders positiven Assoziationen verknüpft werden. Echte Gleichberechtigung, Vollmacht und Freiheit, die Sheri und ich in unserer Ehe entdeckt haben, existiert nur innerhalb von Reich-Gottes-Beziehungen.

Gleichberechtigung in Reich-Gottes-Beziehungen fließt aus der Erkenntnis, wie sehr Gott uns wertschätzt. Unser Wert wird durch den Preis bestimmt, den Jesus für unsere Erlösung und Wiederherstellung als gleichwertige Söhne und Töchter Gottes bezahlte. Dieser Wert kann nicht durch irgendeine menschliche Tat erhöht oder vermindert werden. Wenn wir glauben, dass Alter, Sünde, Geschlecht, wirtschaftlicher Status, ethnischer Hintergrund oder irgendeine andere Eigenschaft den Wert einer Person (oder unseren eigenen Wert) verändert und uns eine Entschuldigung dafür bietet, dass wir sie nicht so behandeln, wie Christus sie behandelt, dann büßen wir damit die Möglichkeit auf Reich-Gottes-Partnerschaften und -Beziehungen ein.

Menschen tendieren dazu, sich selbst und andere zu entwerten, wenn sie sich fürchten. Angst ist der Feind von Liebe, Freiheit und Vollmacht. Sie ist der Zerstörer von Beziehungen – sie teilt und trennt. Angst ist zum grössten

Teil für die ungesunden Dynamiken verantwortlich, die in Familien und in der Gemeindekultur der Gemeinde auftauchen. Wenn wir mit Menschen konfrontiert werden, die uns Angst einjagen, dann erschwert uns diese Angst, daran zu denken, dass sie auch liebenswert sind. Doch Jesus, der sich nie von Angst überwältigen ließ, zeigte uns ständig, wer wertvoll ist: Feinde, Kinder, Sünder, Frauen, Erpresser, Prostituierte, Soldaten, Politiker, Kranke und Schwache, Edelmänner, Randgruppen, Religiöse und Nicht-Religiöse. Jeder. Und Er verkündete diesen Wert nicht nur; Er würdigte ihn, indem Er uns *alle* liebte. Und indem Er uns liebte, entfernte Er jede Barriere und trennende Mauer, die Ihm im Weg stand, inklusive der ultimativen Begrenzung durch Sünde und Tod. Das tut Gottes Liebe – sie treibt die Angst aus und zerstört jede trennende Mauer, die durch Angst geschaffen wurde. Sie heilt die Trennung zwischen Gott und Seinen Kinder, und zwischen jedem Seiner Söhne und Töchter. Sie überzeugt uns von unserem gleichen, ewigen Wert und treibt uns mutig und unaufhaltbar *aufeinander zu*.

Liebe erfordert von Natur aus auch *Freiheit*. Viele von uns verstehen, dass Gott uns den freien Willen gab, weil Er wollte, dass wir Anteil an einer wechselseitigen, liebevollen Beziehung zu Ihm und zueinander haben. Freiheit ist kein Freibrief, um das zu tun, was wir wollen; Freiheit ist die Entscheidung zu lieben. Sobald wir also unsere Freiheit verwenden, um die Liebe zu verletzen, verlieren wir unsere Freiheit und laden Bindungen in unser Leben ein. Galater 5,13-15 drückt dies so aus:

Die Geschichte von Kraftvoll & Frei

Gott hat euch zur Freiheit berufen, meine Brüder und Schwestern! Aber missbraucht eure Freiheit nicht als Freibrief zur Befriedigung eurer selbstsüchtigen Wünsche, sondern dient einander in Liebe. Das ganze Gesetz ist erfüllt, wenn dieses eine Gebot befolgt wird: »Liebe deinen Mitmenschen wie dich selbst.« Wenn ihr einander wie wilde Tiere kratzt und beißt, dann passt nur auf, dass ihr euch nicht gegenseitig verschlingt! (GN)

Das Kennzeichen einer wahrhaft freien Person ist, dass sie sich dafür entscheiden kann, Menschen zu lieben, und dass sie zu dieser Entscheidung auch steht, insbesondere in langfristigen Bundbeziehungen. Sheri und ich erlebten dies, als wir unsere Ehe neu auf das Paradigma des Himmels aufbauten. Am deutlichsten erkennt man eine freie Entscheidung dann, wenn man sie von allem isoliert, was sich warm und kuschelig anfühlt. Dann stellt man fest, dass sie einfach die richtige Handlungsweise ist, egal, ob es sich gut anfühlt oder nicht. Als wir beide diese freie Entscheidung treffen konnten, überzeugte sie uns, dass wir einander lieben, und sie bildete ein unerschütterliches Fundament für unsere Verbindung.

Und noch einmal, Sheri und ich entdeckten, dass die Ausübung unserer Freiheit, aufeinander zugehen zu können, der Schlüssel ist, um wirklich *kraftvoll* zu werden. Eine Person, die sagt: „Es geht mir gut und ich werde weiter auf dich zugehen, egal was du tust", ist eine kraftvolle Person. Diese Person hat Zugang zu der einzigen echten Kraftquelle im Universum – zu Gottes Liebe – und sie wendet diese so an, wie Gott es sich gedacht hatte. Dadurch entsteht diese Kraft, die uns reifen und wachsen lässt. Eine Person, die sich aus Beziehungen zurückzieht und sich passiv in entfremdeten Beziehungen unterordnet oder Beziehungen selbstsüchtig dominiert, ist nicht stark. Diese Person verliert ihre Kraft oder greift nach der falschen Macht (wie zum Beispiel Ärger oder Zorn), die sich früher oder später nur gegen sie selbst richten kann. Wenn unsere Gemeinden und unser Zuhause keine Botschaft über den ewigen Wert von Menschen sendet, indem wir diese lieben und bevollmächtigen, damit sie „etwas bewegen" können, dann bringen wir nicht das Reich Gottes. Wenn unsere Gemeinden und unser Zuhause keine Partnerschaften kultivieren, die auf freien Entscheidungen von kraftvollen Menschen basieren, die durch ihre Herzenswünsche und ihre Verpflichtung geleitet werden, den anderen zu lieben, zu ehren und zu stärken, dann bringen wir den Himmel nicht auf die Erde – und das ist aber unser Auftrag.

Ich glaube ernsthaft, dass jetzt die Zeit ist, um aufzustehen und für starke Frauen und starke Partnerschaften zwischen Männern und Frauen zu kämpfen. Im Jahr 2009, kurz nach dem Tod von Jill Austin und Michal Ann Goll, gab James Goll dieses prophetische Wort weiter:

> Frauen im vollzeitlichen Dienst und in der Leiterschaft werden überall auf der Welt im Leib Christi freigesetzt werden. Die beiden gerechten Samen von Michal Ann Goll und Jill Austin wurden in den Boden gesät und es wird eine Ernte von Frauen geben, die sowohl geistliche als auch säkulare Leiterinnen sind und aufstehen, um für die Armen und gegen Ungerechtigkeit im Gebet und durch Kreativi-

tät zu kämpfen. Sie werden sich frei bewegen und die prophetische Salbung in Jesu Namen wird sich dadurch vergrößern.[4]

Seit langer Zeit sind nur die Männer frei und kraftvoll gewesen, doch wir beginnen, den Widerhall der Freiheit für Frauen in unseren Gemeinden zu hören. Es ist nur eine Frage der Zeit, bis die Bevollmächtigung der Frauen unaufhaltsam wird. Dann werden viele von ihnen anfangen, Seite an Seite mit den Männern zu leiten. Ich für meinen Teil will bei diesem Kommando an vorderster Front stehen und mich nicht widerwillig aus dem Hintergrund hervorziehen lassen. Ich will ein Mann sein, der an die Bestimmun der Frauen um mich herum glaubt und der hart dafür arbeitet, um sie vor den Traditionen und den Menschen zu beschützen, die sie zurückhalten wollen. Ich will Teil von Gottes Plan sein, der eine beispiellose Invasion des Himmels auf der Erde zur Folge haben wird.

---

4   James W. Goll, "Declarations for 2009 and Beyond," Encounters Network; www.encountersnetwork.com/email_blasts/feb_2009_declarations.htm (Zugang vom 29.Mai 2012); übersetzt

Kapitel zwei

KENNE DEINEN PLATZ

John Alvarez, der Vorsitzende der Walnut Evangelical Church, überquerte den Parkplatz und öffnete hastig die Türe seines Autos. Er hatte gerade das schlimmste Vorstandstreffen seines Lebens hinter sich gebracht. Sein Vorschlag, Donna Kline als Leiterin für die Langzeiteinsätze der Gemeinde in Indonesien einzustellen, hatte zu einem erbitterten Streit zwischen der alten Garde und der neuen Mannschaft geführt. Die einen wollten „ihren Mann" Paul Gates für die Stelle haben, während die anderen offen dafür zu sein schienen, andere qualifizierte Kandidaten zu überprüfen. Als einer der neuen Mitglieder die Tatsache ins Feld führt, dass Pauls Leitungsqualitäten Mängel aufwiesen und dass ein paar seiner Referenzen auf Charakterschwächen anspielten, während Donna keine solche Probleme hatte, ging ein Geschrei und Imponiergehabe los. Zwei langjährige Vorstandsmitglieder drohten aus Protest mit ihrem

Rücktritt. Am Ende des Treffens wählte der Vorstand Paul mit knapper Mehrheit vor Donna.

Als er den Schlüssel in die Zündung steckte, entdeckte John plötzlich Donna. *Was tat sie hier?* Sie saß in ihrem silbernen Mini Cooper, ihr Kopf lag auf dem Lenkrad. *Sie weiß es bereits.* John fühlte sich hilflos. Er wusste, dass es ihr Traum war, nach Indonesien zu gehen und dass sie perfekt war für die Aufgabe. Doch was konnte er tun? Weil er keine Energie für den Versuch hatte, sie in diesem Moment zu trösten, drehte John den Schlüssel herum und fuhr nach Hause.

An diesem Abend telefonierten einige Frauen der Vorstandsmitglieder mit Johns Frau, um sich über die Entscheidung des Vorstands zu beschweren. Sie wiederum stauchte ihn zusammen, weil er bei dem Treffen nicht entschiedener für Donna eingestanden war. Erschöpft ging er früh zu Bett, doch er schlief unruhig. Er hatte sogar einen Alptraum, dass ein enormer Blitz in das Kirchengebäude einschlagen und es in zwei Hälften spalten würde.

Als er am nächsten Morgen aufwachte, stöhnte er laut auf. „Gott, hilf mir!" Sein Kopf schmerzte. Er starrte an die Decke und rekapitulierte im Geiste erneut das kontroverse Treffen. Die einzige Schlussfolgerung, die er ziehen konnte war, dass Donna, die offensichtlich die bessere Kandidatin war, nur deshalb die Abstimmung verloren hatte, weil sie eine „Sie" war. Dann schoss ihm ein Gedanke in den Sinn: *Es gibt in der Kirche viele Frauen mit echtem Einblick, Leitungsqualitäten und Salbung. Sie geben viel, doch jemand hält sie unter Kontrolle. Etwas in der Kirche hält berufene und qualifizierte Frauen davon ab, als Leiterinnen erkannt und berufen zu werden.* Sofort kamen ihm viele der verwirrenden und sich häufig widersprechenden Verse über Frauen in der Bibel in den Sinn. Sie verstärkten seine innere Aufruhr. *Aber was ist dann damit, dass der Mann das „Haupt" der Frau sein soll? Ist dies der Grund dafür, warum Männer Zugang zu mehr Autorität haben? Bedeutet dies, dass Männer über Frauen herrschen?* Seine Erfahrung sagte ihm, dass jeder davon profitieren würde, wenn Frauen in der Leiterschaft wären. Am Ende hatte er jedoch keine vernünftige theologische Basis, um zu erkennen, ob Gott wollte, dass er sich gegen die bewährte Ordnung stellte.

Das Bild von Donna, die weinend in ihrem Auto saß, kam ihm wieder in den Sinn. *Das ist es,* dachte John. *Es ist an der Zeit, einige Antworten zu finden.* Er stand aus seinem Bett auf, rasierte sich schnell, zog sich an und fuhr zu dem örtlichen christlichen Buchladen am Highway 73.

Eine junge Frau stand hinter der Theke. Ihre Augen trafen sich und John lächelte. *Perfekt!,* dachte er. *Sicherlich kann sie mir helfen.*

„Guten Morgen", sagte sie enthusiastisch. „Kann ich Ihnen helfen?"

„Ja, tatsächlich", antwortete John. „Ich suche nach einem Buch über Frauen im Gemeindedienst. Was haben Sie darüber?"

Sie hielt inne. „Meine Sie Bücher über Missionare?"

„Nein", sagte er. „Ich suche nach Lehrbüchern über Gottes Platz für Frauen im Gemeindedienst und in der Leiterschaft."

„Oh, das tut mir leid", antwortete sie. „Wir haben nichts zu dem Thema. Die meisten Frauen kennen ihren Platz."

John biss sich auf die Zunge. Ohne ein weiteres Wort verließ er den Laden, und die Türglocke hallte noch in seinen Ohren nach. Er stieg zurück in sein Auto und steckte den Schlüssel in die Zündung, doch er drehte ihn nicht um.

„Ich kann es nicht glauben!", sagte er laut. „Glaubt sie das wirklich?"

Er würde es nie erfahren. Aber *was* er wusste war, dass seine Suche nach der Wahrheit plötzlich eine große Dringlichkeitsstufe erreicht hatte.

Der Hintergrund

Obwohl die obige Geschichte fiktiv ist, basieren Teile davon auf den tatsächlichen Erfahrungen eines Freundes von mir. Und der Gedanke, dass eine Frau ihren „Platz" hat, ist alles andere als eine Erfindung. Tatsächlich floriert sie in der heutigen Kirche der westlichen Welt. Einige Gemeinden definieren diesen Platz mit expliziten Lehren. Andere sprechen eigentlich nicht darüber – es wird ganz einfach erwartet.

Ich will dir ein schnelles und einfaches Instrument an die Hand geben, mit dem du herausfinden kannst, was du über den „Platz" von Frauen glaubst (oder was du nicht weißt, dass du glaubst). Es ist ein Werkzeug, das ich in Malcolm Gladwells Buch „*Blink*" gefunden habe und es nennt sich der „implizierte Assoziations-Test" (IAT). Ein implizierter Assoziationstest misst unsere unbewussten

Assoziationen zu Merkmalen wie Geschlecht oder Rasse.[5] Unser Gehirn bewegt sich ein bisschen langsamer, wenn wir eine Eigenschaft oder Rolle mit einem Geschlecht oder einer Rasse verknüpfen, die wir normalerweise nicht mit diesem Geschlecht oder dieser Rasse verbinden würden. Dadurch können Psychologen sehr einfach messen, was für uns „normal" ist. Ich habe den IAT, den Malcolm Gladwell in „*Blink*" verwendete, angepasst, um deine „Norm" zu messen, wenn es um die Rollen von Männern und Frauen in der Gemeinde geht. Gladwell erklärt, dass der IAT nicht zwingend ein Abbild unserer bewussten, selbstgewählten Überzeugungen ist. Vielmehr offenbart er, was wir unbewusst, aufgrund von unseren Lebenserfahrungen, unserer Bildung und unserer Kultur, glauben.[6]

Der Test beginnt damit, dass du abhakst, ob die Rolle in der mittleren Spalte deiner Meinung nach eher in das Feld auf der rechten oder auf der linken Seite gehört. Arbeite dich bis ans untere Ende durch.

---

[5] Malcolm Gladwell, Blink (New York, NY: Hachette Book Group, 2005), S. 77-88 (übersetzt)

[6] Gladwell, S. 85

Männlich oder Gemeindeleitung		Weiblich oder Mitarbeiter
	Apostel	
	Lehrer in der Sonntagsschule	
	Pastor	
	Lobpreis Leiter	
	Lehrer	
	Kleingruppenleiter	
	Kinderdienst	
	Begrüssungsdienst	
	Schatzmeister	
	Gemeindebüro	
	Gemeindeleitung	
	Eheberatung	
	Jugendleiter	
	Fürbitter	

Okay, und nun führe den Test noch einmal durch. Beachte, dass die Geschlechter vertauscht sind.

Weiblich oder Gemeindeleitung		Männlich oder Mitarbeiter
	Apostel	
	Lehrer in der Sonntagsschule	
	Pastor	
	Lobpreis Leiter	
	Lehrer	

	Kleingruppenleiter	
	Kinderdienst	
	Begrüssungsdienst	
	Schatzmeister	
	Gemeindebüro	
	Gemeindeleitung	
	Eheberatung	
	Jugendleiter	
	Fürbitter	

Gut. Wie leicht war es für dich, „Apostel" in die Kategorie „Weiblich oder Gemeindeleiter" zu schreiben? Wie leicht war es für dich, „Kindermitarbeiter" in die Kategorie „männlich oder Gemeindemitarbeiter" zu schreiben? Wenn es dir so geht wie den meisten, dann war es ein bisschen verzwickt. Wir neigen dazu, bestimmte Rollen mit bestimmten Geschlechtern zu verknüpfen, und wir brauchen deutlich länger, um fortzufahren, wenn diese Rollen und Geschlechter vertauscht sind. Es stellt unser gesamtes – und meist unbewusstes – Paradigma auf den Kopf, das besagt, was Menschen tun sollten.

Männliche Personen dominieren unsere Denkweise darüber, wie die Gemeindeleitung aussehen sollte. Es ist so normal, dass wir es nicht einmal bemerken – außer wenn wir etwas erleben, dass vielleicht neu für uns ist. Zum Beispiel neigt eine Frau mit Leitungs- oder Lehrbegabungen, besonders wenn sie nicht mit einem Pastor verheiratet ist, dazu, sich aus der Menge hervorzuheben. Nebenbei bemerkt, wenn ich auf meinen Reisen über das

Thema „Frauen in der Gemeindeleitung" spreche, dann mache ich gerne eine kurze Umfrage, wie viele Frauen im Publikum nicht mit Pastoren und Leitern verheiratet sind, aber eine starke Berufung zu leiten auf ihrem Leben empfinden. Normalerweise reagieren etwa dreißig Prozent der Anwesenden im Raum darauf positiv.

Frauen, die leiten wollen, gibt es genügend – wir nehmen es nur nicht wahr. Solange sie sich nicht zur Geltung bringen, neigen sie dazu, unsichtbar zu bleiben. Und sie verschaffen sich nur dann Geltung, wenn sie erkennen, dass die Gemeinde sie frühestens am Sankt-Nimmerleinstag berufen wird, das zu tun, wozu Gott sie begabt hat. Niemand bemerkt sie oder gibt ihnen die Möglichkeit zu wachsen. Sie müssen den Mund aufmachen und darum bitten, und in vielen Fällen laufen diese Gespräche nicht besonders gut. Wenn sie versuchen, ihren „Platz" zu verlassen und die „Norm" herauszufordern, dann erregt das in einigen Menschen Widerstand. An diesem Punkt beginnen die Leute häufig, nach Gründen zu suchen – insbesondere nach Gründen, von denen sie behaupten können, sie seien von Gott bestätigt worden – warum diese „Norm" schon ihre Richtigkeit hat.

Die Bibel ist die erste Stelle, an der Menschen nach diesen Gründen suchen. Viele selbsternannte „Platzanweiser" haben eifrig Verse hervorgeholt, die maßgeschneidert sind, um den Frauen zu sagen, wohin sie gehören – die meisten stammen aus den Briefen von Paulus: *„Ich erlaube aber einer Frau nicht zu lehren, auch nicht über den Mann zu herrschen, sondern ich will, dass sie sich in der Stille halte."* (1. Tim 2,12). *„[Es] sollen die Frauen in den*

Gemeinden schweigen, [...] denn es ist schändlich für eine Frau, in der Gemeinde zu reden." (1.Kor 14,34a.35b).

Viele empfinden, dass diese Schwarz-Weiß-Aussagen von Paulus bereits genügen, um ihre Position zu stützen – ich weiß, dass dies zumindest auf mich zu Beginn meiner Ehe zutraf – doch wenn sie aus irgendeinem Grund noch mehr biblische Unterstützung für ihre „Platzzuweisung" benötigen, dann können sie sicherlich noch mehr hervorkramen (wir werden einige dieser kontroversen Verse weiter hinten im Buch betrachten).

Und dann ist da natürlich noch die Geschichte. Die vergangenen paar tausend Jahre sind voll von Traditionen und Praktiken, die aufgestellt wurden, damit Frauen kraftlos bleiben. Plato, Aristoteles, St. Augustinus, Thomas von Aquin, Martin Luther und John Knox sind bemerkenswerte Beispiele für weibliche Platzanweiser. Ich meine, schaut euch doch nur die Dinge an, die diese Typen über Frauen zu sagen hatten:

Plato: "Frauen sind den Männern an Vortrefflichkeit unterlegen."[7]

Aristoteles: "Der Mann ist von Natur aus überlegen und die Frau unterlegen, der Mann ist der Herrscher und die Frau untertan."[8]

---

[7] Loren Cunningham und David Joel Hamilton, mit Janice Rogers: Why Not Women? (Seattle, WA: Youth With A Mission Publishing, 2000), S. 77 (übersetzt)

[8] Cunningham, Hamilton, S. 77 (übersetzt)

John Knox: "Die Frau in ihrer größten Perfektion wurde dazu geschaffen, um dem Mann zu dienen und zu gehorchen."[9]

Thomas von Aquin: "Die Frau ist dem Manne untertan, aufgrund ihres schwachen Wesens, sowohl im Hinblick auf ihren Verstand als auch auf ihren Körper. [...] Die Frau ist entsprechend den Naturgesetzen der Abhängigkeit unterworfen, doch ein Sklave ist dies nicht. Kinder sollten ihre Väter mehr lieben als ihre Mütter."[10]

Martin Luther: "Männer haben breite Schultern und schmale Hüften, und folglich besitzen sie Intelligenz. Frauen haben schmale Schultern und breite Hüften. Frauen sollten zu Hause bleiben; die Art und Weise, wie sie geschaffen wurden, weist darauf hin, denn sie haben breite Hüften und ein breites Fundament, um darauf zu sitzen, den Haushalt zu führen und Kinder zu gebären und aufzuziehen."[11]

St. Augustinus: „Was macht es für einen Unterschied, ob es sich um eine Ehefrau oder um eine Mutter handelt; es ist immer noch Eva, die Verführerin, der wir uns in jeder Frau bewusst sein müssen. [...] Ich kann nicht erkennen, welchen Nutzen Frauen für

---

[9] J. Lee Grady, 10 Lies the Church Tells Women (Lake Mary, FL: Charisma House, 2000), S. 18 (übersetzt)

[10] Grady, 68 (übersetzt)

[11] Grady, 152 (übersetzt)

einen Mann haben können, wenn man die Funktion des Kinderkriegens außer Acht lässt."[12]

Sicherlich, solche offensichtlich sexistischen Äußerungen sind lächerlich und nicht mehr länger politisch korrekt. Und Paulus' Anweisungen, dass Frauen still bleiben sollen, werden normalerweise nicht mehr wörtlich angewendet. Doch unter der Oberfläche empfinden viele – auch Frauen – immer noch so ähnlich, wie es diese Typen empfanden: *Es ist nicht natürlich für eine Frau, in der Leiterschaft zu sein. Sie wurde geschaffen, um nachzufolgen. Sie wurde geschaffen, um Zuhause zu bleiben. Sie hat einen Platz, und der ist nicht vorne…, sofern sie nicht neben einem vollmächtigen Mann steht.*

Dieses Gefühl bleibt, ungeachtet der Tatsache, dass einige der bekanntesten politischen Leiterinnen der Welt Frauen waren. Margaret Thatcher, Golda Meir, Königin Elizabeth, Königin Viktoria und Deborah fallen mir ein. Doch auch wenn Frauen wählen dürfen, einen besseren Zugang zur Bildung haben und ein besseres Gehalt erhalten, bleibt dieses Bauchgefühl über den Platz einer Frau tief in unserer Kultur verwurzelt. Denke doch einmal darüber nach: Die Amerikaner waren zuerst zu einem schwarzen Präsidenten bereit, bevor sie für eine weibliche Präsidentin waren. Sie waren bereit, dem schwarzen *Mann* die Möglichkeiten und Ressourcen zu geben, um für diese Aufgabe gerüstet zu sein, und sie waren bereit, sich unter seinen Einfluss zu stellen, bevor sie bereit waren, dasselbe für eine Frau zu tun. Je höher die Position in der Leitung ist, desto mehr können wir davon ausgehen, dass sie von

---

12 Grady, 18 (übersetzt)

einem Mann besetzt ist. Dasselbe gilt für die Gemeinde. Wie viele Gemeinden fallen dir ein, in denen der Hauptpastor eine Frau ist? Ich denke mal, du kannst sie an einer Hand abzählen. Männer halten fast ausnahmslos die höchsten Leitungspositionen in den Ortsgemeinden und in den Denominationen in ihrer Hand. Und es war schon immer so, deshalb fühlt es sich natürlich an. Wir fühlen uns in dem System wohl. So ist es einfach.

Angst und Scham

Woher kommt dieses „natürliche" Empfinden im Hinblick auf Frauen? Warum kontrollieren fast ausschließlich Männer die Führungsspitzen? Hat Gott Männer wirklich dazu geschaffen, die Zügel in der Hand zu behalten? Oder gibt es eine andere Denkweise, die dieses System auf den Kopf stellen kann?

Ich glaube, dass es sie gibt.

Doch ich glaube auch, dass es tatsächlich ein natürliches Gefühl ist, das uns glauben lässt, es wäre „unnatürlich" für Frauen, in der Leiterschaft zu sein. Dieses Empfinden stammt von unserem Blick auf die Geschlechter, der durch den Sündenfall entstanden ist.

Wie reagierte Adam, als Gott ihm Eva vorführte? Gibt es irgendeinen Hinweis darauf, dass er sie als „Eva, die Verführerin" ansah? Finden wir einen Satz, der andeutet, dass Eva nur für eine Sache gut ist – um Adams Nachwuchs aufzuziehen?

Nein. Was Adam tatsächlich sagte, ist wunderschöne Poesie – übrigens die erste Poesie der Geschichte – und sie war an eine Kameradin und Freundin gerichtet: *„Diese endlich ist Gebein von meinem Gebein und Fleisch von meinem Fleisch; diese soll Männin heißen, denn vom Mann ist sie genommen."* (1. Mose 2, 23).

Adam erkannte Eva sofort als seine ebenbürtige Ergänzung. Viel mehr noch, wie David J. Hamilton in seinem Buch „*Why not Women?*" bemerkt: „Gott übergab dem Mann die Herrschaft über die Erde erst, als die Frau neben ihm stand."[13] Es war eine gemeinsame Beauftragung. Sie verstanden, dass sie untrennbare Partner waren, die Gottes Befehle erfüllen würden, um die Erde zu bevölkern und sie sich untertan zu machen. Es stand außer Frage, ob sie den gleichen Wert, dieselbe Autorität oder dieselbe Bestimmung hatten. Selbstverständlich war dies der Fall – es war *natürlich* für sie, so zu denken. Sie waren immerhin *eins*.

Erst, nachdem sie gesündigt hatten, wurde das Natürliche unnatürlich: *„Und Gott, der HERR, rief den Menschen und sprach zu ihm: Wo bist du? Da sagte er: Ich hörte deine Stimme im Garten, und ich fürchtete mich, weil ich nackt bin, und ich versteckte mich."* (1. Mose 3, 9-10). Als sie sündigten, erzeugte Adams und Evas natürlicher Zustand – die Nacktheit – Angst und Scham. Scham unterscheidet sich von Schuld. Schuld ist das schmerzhafte Gefühl, das wir empfinden, wenn wir etwas falsch *machen*. Scham ist das schmerzhafte Gefühl, dass *wir* falsch *sind*.

Adams Reaktion auf diesen Schmerz war, sich zu verstecken und Distanz zwischen sich und die eine Person zu bringen, die seine Nacktheit gesehen hatte – Eva. Als

---

13   Cunningham, Hamilton, S. 97 (übersetzt)

Gott ihn befragte, begann er Eva für seinen Schmerz zu beschuldigen – *„Die Frau, die du mir zur Seite gegeben hast..."* (1. Mose 3, 12a). Und nachdem Gott den Boden und Adams Arbeit verflucht hatte – *„weil du auf die Stimme deiner Frau gehört hast..."* (1. Mose 3, 17) – wurde die Trennung zwischen Adam und Eva eine feste Größe. Man kann beinahe hören, wie Adam dachte: *Ich werde nie mehr auf diese Frau hören.*

Das erste Paar musste dann einen Weg finden, wie sie kooperieren konnten – in unbekanntem, feindlichen Gebiet – und das unmittelbar nachdem sie einander gezeigt hatten, dass sie sich nicht vertrauen konnten. Was daraus entstand, war das genaue Gegenteil der perfekten Partnerschaft, die sie in Eden hatten. Wir wissen bereits, dank meinen frühen Ehejahren, dass entfremdete, ängstliche und schamerfüllte Menschen, die zusammenarbeiten, zahllose Probleme verursachen, weil sie ihre Kraft dazu nutzen, *sich selbst zu schützen* (durch Verstecken, Leugnen und Verlassen) und *den anderen zu kontrollieren* (durch Zorn, Gewalt und Manipulation), anstatt einander zu stärken und zu beschützen. Noch schlimmer ist, dass Gott Adam und Eva sagte, wer die Oberhand in diesen Machtkämpfen haben würde: *„Zu der Frau sprach er: [...] Nach deinem Mann wird dein Verlangen sein, er aber wird über dich herrschen!"* (1. Mose 3, 16).

Wir sehen die Auswirkungen dieses Kräftespiels unmittelbar nach dem Sündenfall in 1. Mose 4. Die Überschrift über diesem Kapitel könnte lauten: „Töte deinen Rivalen, beschütze deine Angelegenheit und besitze deine Frauen." Kain tötete Abel und baute dann eine Stadt auf, um seine Dinge zu beschützen (siehe 1. Mose 4, 8-17). Und dann, einige Generationen später, tötet Lamech einen Mann und begründet damit die Polygamie – sicher eine der Tatsachen, durch die Frauen in der Geschichte am meisten unterdrückt wurden (siehe 1. Mose 4, 19-24). Dieses Muster, dass Männer Gewalt anwenden, um Macht zu bekommen und zu bewahren, egal ob es sich um Politik, Militär, Wirtschaft oder um Sexualität handelt, nennt man das *patriarchalische Paradigma*, und dieses Paradigma findet man in jeder Kultur der Geschichte. Wir alle wissen, wie es funktioniert:

„Macht hat Recht."

„Gold regiert die Welt."

„Die Besten überleben."

Es ist das Gesetz des Dschungels, das besagt: „Wenn du etwas bedrohst, das ich kontrolliere, dann werde ich dich verfolgen. Ich werde dich verletzen. Und ich werde dich sogar töten, wenn es sein muss."

Wenn körperliche Kraft bestimmt, wer die Macht hat, dann ist das niemals ein Wettbewerb zwischen Männern und Frauen. Stellen wir uns der Tatsache – Männer *sind* körperlich stärker. Der Wettstreit besteht eigentlich zwischen starken Männern und starken Männern. Aus diesem Grund sind die Regierungen seit Jahrtausenden „natürlicherweise" männlich, gewalttätig und unterdrückend. Welche Gesellschaft auf diesem Globus war schon jemals frei von Männern, die einander bekämpfen, um die Kontrolle zu haben? Dies ist die Herrlichkeit des Patriarchats: Männer weisen jedem und allem seinen Platz zu – insbesondere den Platz, an dem sie kontrolliert, benutzt und dominiert werden können. Und sie werden bis zum Letzten darum kämpfen, dass sie Menschen und Dinge dort platzieren können.

Darauf lässt sich Gottes Prophetie für Eva, dass „ihr Mann über sie herrschen wird" im Wesentlichen herunterbrechen. Es bedeutet, dass Männer den Platz von Frauen bestimmen werden. Und gemäß der Logik des patriarchalischen Paradigmas gehören Frauen offensichtlich an einen Platz, um dort eine Sache zu tun – die durch ihre Anatomie und die Tatsache begründet ist, dass sie dann am schwächsten und verletzlichsten sind (und damit am leichtesten zu kontrollieren), wenn sie das tun, was nur sie tun können – Kinder zu bekommen. Ihr Platz ist Zuhause und ihre Aufgabe ist es, Babys zu bekommen und den Männern zu dienen. Dies schien so „normal" und „natürlich" zu sein, dass es mit der Zeit als Naturgesetz angesehen wurde, genauso wie die Schwerkraft.

Der Anti-Patriarch

Es fällt uns leicht, zu glauben und zu predigen, dass diese Hierarchie – das Patriarchat – so von Gott schon immer gewollt war. Die Menschen erwarten, dass Gott durch Seine Macht dominiert. Und sie denken oftmals, dass sie Seine Macht verwenden können, um andere zu dominieren. Tyrannen, Eroberer und kultische Führer versuchen alle, die Menschen davon zu überzeugen, dass sie für Gott sprechen oder dass sie Gott sind, um ihre Position zu sichern.

Und im Angesicht dessen ist es nur natürlich, dass Menschen das Alte Testament als Aufzeichnung von Gottes patriarchalischen Heldentaten lesen. Er griff ein, um Israels Feinde auszulöschen und damit ihre Bestimmung zu erfüllen, dass sie das Verheißene Land erobern und dominieren können. Doch eine nähere Betrachtung offenbart etwas anderes. Dieses Etwas ist ein Gott, der Israel stets in eine Bundesbeziehung einlädt, die auf gegenseitiger Liebe und Treue basiert – ein Bund, in dem Er sie anti-patriarchalische Praktiken lehrt, wie zum Beispiel die gleichwertige Ehrung von Vätern und Müttern und die Sorge um die schwachen Mitglieder der Gesellschaft, wie Witwen und Waisen. In Jesaja 58 sagte Gott den Israeliten zum Beispiel, dass es ein *echtes* Fasten ist, wenn sie das Joch der Unterdrückten zerbrechen, die Versklavten befreien, die Nackten kleiden und die Hungrigen speisen. Die Israeliten waren es, die sich ständig von Gott zurückzogen und wieder ein patriarchalisches Paradigma annahmen. Sie forderten, dass Gott ihnen einen König geben sollte, damit sie einen Mann an der Spitze hätten, damit sie mit den sie umgebenden Nationen mithalten konnten (obwohl Gott sie explizit vor den negativen Konsequenzen eines Königs warnte – siehe 1. Samuel 8). Und dann verbrachte Israels Oberschicht ein paar hundert Jahre damit, ganze Bände von Interpretationen des Gesetzes zu verfassen, um Scheidung, Polygamie, Sklaverei, Rassismus und andere Formen von Unterdrückung und Ungerechtigkeit zu rechtfertigen. Nichts davon waren Gottes Vorstellungen. Sie kamen alle von den Menschen.

Ja, Gott gab ihnen das, was sie wollten: einen König. Und die Israeliten bekamen genau das, worum sie gebeten hatten: Jahrhundertelange politische Umbrüche, die schließlich dazu führten, dass sie ihr kostbares Königreich komplett verloren. Anschließend war es ihre einzige Hoffnung, dass Gott einen mächtigen König aufrichten würde, den Messias, der Israels rechtmäßigen Platz an der Spitze der Hierarchie als das Volk des einen wahren Gottes zurückfordern würde. Sie suchten nach dem ultimativ starken Mann – einem militärischen Führer, der ihre Unterdrücker abwerfen und ein Goldenes Zeitalter der politischen Macht einläuten würde.

Israel dachte nicht im Traum daran, dass ihr Messias als leidender Knecht kommen würde – als ultimativer Anti-Patriarch. Und mit jedem Schritt demontierte Jesus die Logik des patriarchalischen Paradigmas und entlarvte es als das absolute Gegenteil des Wesen Gottes und Seines Planes für die Menschheit. Er sagte:

> *Ihr wisst, dass die Regenten der Nationen sie beherrschen und die Großen Gewalt gegen sie üben. Unter euch wird es nicht so sein; sondern wenn jemand unter euch groß werden will, wird er euer Diener sein, und wenn jemand unter euch der Erste sein will, wird er euer Sklave sein; gleichwie der Sohn des Menschen nicht gekommen ist, um bedient zu werden, sondern um zu dienen und sein Leben zu geben als Lösegeld für viele. (Mt. 20, 25-28)*

Diese Aussage war für Seine Jünger absolut „unkalkulierbar" – ganz zu schweigen von den religiösen Führern der damaligen Zeit. Jesus verwirrte die Welt, indem Er ein Diener wurde. Und die mächtigste Person des Universums verwendete Ihre Macht nicht nur, um diejenigen um sich herum aufzubauen anstatt sie zu dominieren, sondern Er erhob auch diejenigen, die – wie jeder wusste – den Abschaum der Gesellschaft darstellten. Dies waren die „natürlichen" Randgruppen – die Aussätzigen, die Kinder, die Dämonisierten, die Frauen, die Samaritaner, die Steuereintreiber, die Sünder. Er mischte sich ständig ein, wenn es um den ihnen zugewiesenen „Platz" ging. Und öfter als nicht tat Er dies, indem Er diesen „Platz" mit ihnen teilte, egal wo er auch sein mochte. Er ging dorthin, wo kein respektabler Rabbi jemals hingegangen war.

Es gab viele Orte, wo Frauen in der jüdischen Kultur des ersten Jahrhunderts nicht hingehörten. Insbesonders gehörten sie an keinen Ort, an dem religiöse Unterweisung stattfand – in den Innenbezirk des Tempels, ins Zentrum der Synagoge oder zu den Füßen eines Rabbis. Frauen mussten sich die Lehren so gut wie möglich aus dem Hintergrund aneignen oder sie zu Hause von ihren Ehemännern lernen. Eines der rabbinischen Gesetze dieser Tage besagte: „Lieber sollen die Worte des Gesetzes verbrannt werden, als sie den Frauen anzuvertrauen... Wenn ein Mann seiner Tochter das Gesetz beibringt, dann ist das so, als ob er sie Lüsternheit lehren würde."[14]

Jesus trotzte all diesen Vorschriften.

---

14 Dr. Susan C. Hyatt, "Jesus, Friend of Women," GodsWordtoWomen.org (http://godswordtowomen.org/jesus.htm, Accessed September 11, 2012); (übersetzt)

Er lehrte im Vorhof des Tempels, damit Frauen ebenfalls zuhören konnten. Er rief eine verkrüppelte Frau in der Synagoge nach vorne – in den Bereich der Männer hinein – und heilte sie (siehe Lukas 13, 10-17). Er sagte Marta, dass Marias Platz zu Seinen Füßen sei und nicht in der Küche (siehe Lukas 10, 42). Jesus nahm Frauen als Seine Jünger und in Seinem Ministry-Team auf, berührte und heilte ihren Körper, ließ sich von ihnen berühren und sprach mit ihnen mit Ehrerbietung und Wertschätzung. Er lehrte sie, dass sie gleichwertige Partner in der Ehe waren und Gerechtigkeit verdienten. Er beschützte sie vor Anschuldigungen, vergab ihnen ihre Sünden und brachte ihnen Zuneigung und Liebe entgegen.[15]

Die vielleicht erstaunlichste Erzählung über den „Platz", den Jesus Frauen gab, finden wir in der Geschichte von der samaritanischen Frau in Johannes 4. Jesus näherte sich der Frau am Brunnen und bat sie um Wasser. Bereits an dieser Stelle erkennen wir, dass sich hier etwas anbahnte. Ein jüdischer Mann würde niemals öffentlich mit einer Frau sprechen, noch dazu mit einer samaritanischen Frau, und schon gar nicht mit einer Samariterin mit einer Vergangenheit, wie diese sie hatte. Aber Jesus sprach nicht nur mit ihr, sondern Er sprach auch mit ihr über Theologie – ein Thema, das im Gespräch mit Frauen ausdrücklich verboten war. In der Unterhaltung durchtrennt Jesus regelrecht die Jahre des rabbinischen Gesetzes und die kulturellen Normen mit der extremen Liebe Gottes, die den Schatz in jedem menschlichen Herzen erkennt.[16']

---

15   Cunningham, Hamilton, S. 119-125

16   Hyatt, ebd.,

Kenne deinen Platz

Dennoch ist dieses Gespräch, wie David J. Hamilton bemerkt, aus weiteren Gründen, als nur aufgrund der vielen Verletzungen des Status Quo, bemerkenswert. Es ist das längste Einzelgespräch, das Jesus führt, und in ihm offenbart Er zum ersten Mal, dass Er der lang erwartete Messias ist. Richtig – Jesus offenbarte Seine Identität einer samaritanischen Frau mit einer Vergangenheit, die so lang wie unser Telefonbuch ist, bevor Er sie Seinen Jüngern offenbarte.[17]

Nachdem Jesus ihr diese Offenbarung anvertraute, sagte Er nicht: „Tja, ich habe schon genug Regeln gebrochen, weil ich dich diese Dinge gelehrt habe. Es ist okay, dass Frauen lernen, aber hier hört es auf – du kannst lernen, aber du darfst nicht lehren." Er ließ sie die Botschaft zurück in ihre Stadt tragen und blieb zwei weitere Tage dort, um ihr Zeugnis zu untermauern. Sie war damit eigentlich eine der ersten Missionarinnen. Und sie war jemand, deren zugewiesener „Platz" im Ausschuss-Stapel war.

Jesus vertraute noch eine andere wichtige Botschaft – das Zeugnis Seiner Auferstehung – einer Frau an, nämlich Maria Magdalena (siehe Johannes 20, 1-18). Maria war nicht die einzige Person, die beim Grab stand – sowohl Petrus als auch Johannes tauchten dort auf und schauten hinein – doch Jesus erschien erst, als sie gegangen waren. Er wählte eine Frau als *erste* Zeugin Seines auferstandenen Leibes. Bezeichnenderweise stellt genau dies einen der Beweise dar, den Theologie als Legitimation des Zeugnisses von der Auferstehung Christi in den Evangelien anführen:

---

17 Cunningham, Hamilton, S. 121-122 (übersetzt)

Die Tatsache, dass es ursprünglich von Frauen ausging.[18] Im ersten Jahrhundert war das Zeugnis einer Frau in der römischen und jüdischen Gesellschaft absolut nichts wert. Wenn du wolltest, dass Menschen dir etwas glauben, was du ihnen erzählst, dann hättest du *niemals* gesagt, dass du es von einer Frau gehört hast. Der einzige Grund, warum die Schreiber des Evangeliums treu aufgezeichnet hatten, dass das Zeugnis von Maria stammte, war, weil dies die Wahrheit war.

Christus beauftragte Maria, Seine Auferstehung als Zeichen für das zu verkünden, was Er gerade durch Sein Leiden, Seinen Tod und Seine Auferstehung erreicht hatte – nämlich die Tatsache, dass Er das patriarchalische Paradigma ein für alle Mal entwurzelt hatte. Als Er nackt am Kreuz hing, transferierte Jesus die Sünde (die Quelle von Adams Angst und Scham) auf sich selbst. Statt sich zu verstecken, Beschuldigungen auszusprechen und sich selbst zu schützen starb Er bereitwillig als schuldiger Mann – sichtbar vor Gott und der Menschheit.

Jesus entmachtete die geistlichen Kräfte vollkommen, die seit dem Sündenfall durch Angst, Scham und Unterdrückung am Werk waren. Er forderte die Autorität wieder zurück, die der Feind benutzt hatte, um die Menschen mit List dazu zu bringen, dass sie ihre Kraft einsetzen, um andere zu kontrollieren und zu dominieren, anstatt ihnen zu dienen und sie zu stärken. Jesus begrub Adams gefallenes

---

18 Siehe: Tim Keller: "King's Cross" (Einen Auszug davon findet man unter: http://www.relevantmagazine.com/god/deeper-walk/features/25243-a-case-for-resurrection); sowie N.T. Wright: "The Resurrection of the Son of God". Dort wird die Bedeutung des Zeugnisses von Frauen zum Thema Auferstehung diskutiert.

Wesen im Grab und stand mit einem neuen Wesen wieder auf. Dieses neue Wesen, das Er großzügig mit uns teilt, befähigt uns zu lieben und so zu leben, wie Er es tut. Es erlaubt uns, Angst durch Liebe zu überwinden, unsere eigenen Interessen zu opfern und aufeinander zuzugehen, auch wenn wir dabei Fehler machen.

Das vielleicht Erstaunlichste ist, dass Jesus zum Vater aufstieg und uns allen einen neuen *Platz* in der Beziehung mit Ihm gibt. Er sagte Maria: „*…Geh aber hin zu meinen Brüdern und sprich zu ihnen: Ich fahre auf zu meinem Vater und eurem Vater und zu meinem Gott und eurem Gott!*" (Johannes 20,17b). Er sagte damit: „Ich will, dass ihr euren Platz kennt. *Mein Platz ist nun euer Platz.* Meine Beziehung mit dem Vater ist nun eure Beziehung mit dem Vater. Ihr seid Seine Söhne und Töchter, Meine Brüder und Schwestern." Es ist einfach passend, dass Jesus eine ehemals dämonisierte, ausgestoßene Frau als Seinen ersten Apostel mit der Verkündigung beauftragte, dass das Patriarchat seinen Todesstoß erhalten hatte und ein neues Königreich der Freiheit, der Liebe und der Wiederherstellung aufgerichtet worden war.

2000 Jahre später

2000 Jahre ist es nun her, seit Maria verkündete, dass wir nicht nur Brüder und Schwestern *in* Christus sind, sondern auch Brüder und Schwestern *von* Christus. Wir teilen denselben Stand und Wert vor dem Vater. 2000 Jahre ist es her, dass Gott uns ein neues Wesen gegeben hat – Sein

Wesen – und für immer neu definierte, was „natürlich" für uns ist, besonders in unseren Beziehungen.

Es ist nicht länger natürlich, dass die Starken die Schwachen dominieren. Es ist natürlich, dass die Starken die Schwachen stärken. Es ist nicht länger natürlich, dass wir uns abmühen, um ganz oben an der Spitze zu stehen. Es ist natürlich, die niedrigste Position anzustreben, um andere aufzuwerten, so wie dies die Mitglieder der Trinität tun. Es ist nicht länger natürlich, Menschen an ihren Platz „zu setzen". Es ist natürlich, sich in Menschen hineinzuversetzen und sich mit ihnen zu identifizieren, um sie zu lieben, zu ermutigen und zu bevollmächtigen.

Und es ist nicht länger natürlich, Frauen – oder sonst irgendeine Person – als untauglich für Leitungsaufgaben oder irgendein anderes Amt im Leib Christi anzusehen, nur aufgrund ihres Geschlechts, ihres Familienstandes, ihrer finanziellen Situation, ihrer Volkszugehörigkeit oder aufgrund sonst eines körperlichen oder materiellen Merkmals. Es ist natürlich für uns, unsere Leiter *ausschließlich* aufgrund ihrer Salbung, ihrer Gaben, ihrer Berufung und ihres Charakters zu erkennen. Doch tragischerweise tragen viele von uns auch nach 2000 Jahren immer noch die Grabeskleider der Angst und der Scham, die uns davon abhalten, unser neues „Natürlich" voll zum Ausdruck zu bringen. Die Gemeinde sollte der sicherste, freieste und bevollmächtigendste Ort für Frauen sein – für jeden. Sie sollte ein Platz sein, an dem Gott zur Geltung kommen kann, indem Er die Ablehnungen der Welt wegnimmt und die unglaublichen Gaben, die Schönheit und die Kraft offenbart, die Er in sie hineingelegt hat. Doch Tatsache ist, dass das patriarchalische Paradigma in der Kirche noch immer besteht. Und aus diesem Grund geben wir Menschen, inklusive weiblichen Leitern, nicht den Platz, der ihnen zusteht. Letztendlich hindert uns dies daran, dass wir den Wohlstand und die Vorteile empfangen, die sie uns anzubieten haben.

Kapitel drei

DIE REALITÄT DER GLÄSERNEN DECKE

Eine junge Frau, die ich kenne, war während ihrer Collegezeit einige Sommer lang Mitarbeiterin auf einem christlichen Jugendcamp. In einem Sommer war sie die einzige Frau im Leitungsteam des Sommercamps. Obwohl sie in dem Team eine der Personen war, die am meisten Verantwortung hatte, war sie frustriert, weil es ihr an Einfluss mangelte. Es schien, als ob sie von den meisten Mitarbeitern unter ihrer Leitung nicht ernstgenommen würde. Wenn sie sie bat, ihre Spiele zu verbessern oder sich mehr an die Regeln zu halten, dann bemerkte sie keine echte Veränderung in ihrem Verhalten. Die männlichen Leiter hatten keine solchen Probleme, die Mitarbeiter zu motivieren, und das störte sie.

Eines Abends hatten die acht Leiter eine Teambildungszeit beim Abendessen. Als die Männer so ihre Witze rissen, sagte einer von ihnen unvermittelt, dass Männer sich nicht wirklich dafür interessieren, was Frauen über sie denken. Meine Freundin wurde aufmerksam. „Was meinst du damit?", fragte sie und dachte, dass er nur Spaß machte.

„Ein Mann interessiert sich nur dann dafür, was eine Frau von ihm denkt, wenn er eine Beziehung mit ihr eingehen möchte", erklärte ein anderer Typ völlig ernst. „Ansonsten interessiert es ihn nur, was die anderen Männer von ihm denken."

„Was?", sagte meine Freundin ungläubig. „Das ist nicht fair! Frauen interessiert es, was alle von ihnen denken – sogar Menschen, die sie nicht mögen."

Die Männer schauten sich an und zuckten mit den Schultern. „So ist es nun mal", sagte einer von ihnen.

Das Gespräch ging weiter, doch meine Freundin hörte nicht mehr zu. *Dies erklärt so vieles,* dachte sie. *Sie hören nicht auf mich, weil es sie nicht interessiert, was ich denke.*

Leider machte sich keiner der Männer, die um den Tisch saßen, solche Gedanken. Sie bemerkten die Ungerechtigkeit der Botschaft nicht, die in ihren Worten verborgen war. Sie hatten keine Ahnung, dass sie meiner Freundin einen Schlag in den Magen versetzt hatten. Und weil sie im Laufe ihres Lebens allerlei lähmende Glaubenssätze über die Unterordnung der Frau und die männliche Autorität gelernt hatte, war sie nicht selbstbewusst genug, um ihre männlichen Kollegen zu konfrontieren und die Machtlosigkeit zurückzuweisen, die an diesem Abend auf sie gelegt worden war. Obwohl sie nun die Beschränkungen erkannt hatte, die verhinderten, dass sie als Leiterin echte Autorität hatte, dauerte es noch etliche Jahre, bis sie zu erkennen begann, dass „die Art, wie es ist" nicht die Art ist, wie es sein musste.

Immer wieder haben Frauen in unseren Gemeinden eine ähnliche Botschaft gehört, die ihren Wert und ihren Einfluss begrenzt. Auch in einem noch so freien Gemeindeumfeld stoßen sich Frauen immer noch den Kopf an einer *gläsernen Decke*, „einer nicht greifbaren Barriere innerhalb einer Hierarchie, die Frauen oder andere Minderheiten daran hindert, eine hochrangigere Position einzunehmen."[19] Oder vielleicht haben einige Frauen, wie z.B. meine Freundin, sogar eine Leitungsposition, doch sie können in dieser Position ihr volles Potential nicht ausschöpfen, weil Menschen ihre Autorität und ihren Einfluss nicht wertschätzen und annehmen. Viele Männer bemerken diese gläserne Decke in der Gemeinde jedoch gar nicht, weil sie selbst nicht von ihr eingeschränkt werden. Sie gleiten einfach durch sie hindurch und denken: *Frauen werden in meiner Gemeinde bevollmächtigt. Ich lasse meine Frau stark sein.* Die Wahrheit ist, dass viele Männer vollkommen blind gegenüber den Erfahrungen von Frauen in der Gemeinde sind. Entweder denken sie immer noch, dass Frauen in eine „untergeordnete" Rolle gehören oder sie denken, dass die Gleichberechtigung bereits Wirklichkeit ist. So oder so sehen sie keine echte Notwendigkeit für Veränderung. Sie sind damit zufrieden, wie es schon immer war.

Ich will diese Zufriedenheit herausfordern und uns aufrufen, es besser zu machen. Ich denke, dass wir als Leib Christi die Dinge verpassen, die weibliche Leiter anzu-

---

19   Merriam Webster's Dictionary

bieten haben. Doch um Wertschätzung für weibliche Leiter in uns zu erzeugen oder zu vertiefen, müssen wir zuerst bereit sein, ihnen zuzuhören, wenn sie darüber reden, wie es aussieht, wenn Frauen Leitungsverantwortung in der Gemeinde übernehmen. Wir müssen ihnen zuhören, wenn sie über die gläserne Decke sprechen. Und wir müssen uns selbst herausfordern lassen, dass wir das, was sie uns sagen, nicht abwerten oder entkräften.

Um uns hierbei zu helfen, habe ich einige vollmächtige Frauen in der Gemeinde interviewt. Jede würde sich selbst als starke Frau mit exzellenten Leitungsqualitäten bezeichnen, die sich danach sehnt, eine einflussreiche und vollmächtige Person zu sein. Diese Frauen haben alle eine Leitungsposition inne, entweder in der Gemeinde oder außerhalb der Gemeinde, und einige sind auch Leiterinnen in beiden Bereichen. Sie sind in einem Alter zwischen dreißig und sechzig Jahren und repräsentieren unterschiedliche Volksgruppen. Sie haben in diversen Bereichen gearbeitet und besitzen ein sehr unterschiedliches Bildungsniveau und unterschiedliche Erfahrung. Doch jeder von ihnen ist die gläserne Decke sehr vertraut.

Die meisten von ihnen fühlen sich nicht sicher dabei, einer breiten Öffentlichkeit ihre Gedanken und Erfahrungen unverblümt mitzuteilen. Sie haben darüber mit mir gesprochen, damit ich dir eine Perspektive vermitteln kann, die du vielleicht nie direkt von einer Frau hören wirst – nicht weil sie nicht wahr ist, sondern weil sich viele Frauen in der Kirche nicht sicher genug fühlen, um uns die *ganze* Wahrheit zu erzählen. Sie glauben nicht, dass die Männer in ihrem Leben die Wahrheit hören wollen, wie es sich anfühlt, eine Frau in der Kirche zu sein, und dass sie auch nicht bereit sind, diese Wahrheit anzunehmen. Sie wurden kritisiert, ignoriert und bevormundet – doch ihre Träume brennen immer noch in ihnen. Einige sind entschlossen, „etwas zu bewegen", auch wenn sie dafür die Gemeinde mit der freien Wirtschaft vertauschen müssen. Andere haben sich einfach damit abgefunden, „dass es nun einmal so ist". Diese Frauen klagen nicht. Sie sind keine Opfer, die ihre Identität damit begründen, was andere ihnen angetan oder vorenthalten haben. Dennoch waren sie bereit, offen und ehrlich genug zu sein, um ihre Erfahrungen mit mir zu teilen – auch auf die Gefahr hin, dass sie sich vielleicht negativ anhören werden. Hier kommen ihre Gedanken und Geschichten.[20]

Leiten als Frau

Elizabeth, die Gründerin und Geschäftsführerin eines überkonfessionellen internationalen Dienstes, führt den Großteil ihres Erfolges auf die männlichen Leiter zurück, die sie und ihren Dienst beharrlich unterstützt haben. Dennoch gibt sie zu, dass sie mit dem Gefühl zu kämpfen hatte, eine Art Zweite-Klasse-Status und beschränkte Möglichkeiten als Frau innerhalb der Gemeinde zu haben. Ihr schien es, als könne sie die Teilnahme am „Männerklub" der Hauptleiter abschreiben, weil diese stets Gründe fanden, um nicht mit ihr zusammenzuarbeiten. Die gläserne Decke ist für sie real spürbar, und sie gibt zu, dass sie stets auf ihr Herz achten muss, um sich vor Ablehnung

---

20   Die Namen wurden zu ihrem eigenen Schutz verändert.

zu schützen. Sie fragt sich, ob die Einschränkungen, die sie erlebt, etwas mit ihrem Alter, ihrer besonderen Gabenkombination oder mit der Tatsache zu tun hat, dass sie eine Frau ist.

Marjorie, eine Leiterin einer christlichen Bildungseinrichtung, hat viele schmerzvolle Erfahrungen in der Kirche gemacht. In einer Gemeinde (in die sie nicht länger geht) wurde ihr gesagt, dass sie ihre „Eva-Natur" loswerden muss und dass nichts von ihr oder irgendeiner anderen Frau kommen könnte, was nicht zuerst durch einen Mann abgesegnet worden ist. Sie wurde gelehrt, dass eine Frau nur dann im Dienst sein könnte, wenn ihr Ehemann ihre „extremen" und „unausgeglichenen" Tendenzen als Frau ausgleichen würde. Ein Gemeindeleiter sagte einmal zu ihrem Ehemann: „Wenn du deine Frau nicht unter Kontrolle bekommst, dann wirst du in deiner Berufung von Gott nicht vorankommen." Aufgrund ihrer starken Leitungsbegabung, ihrer Persönlichkeit und ihrem Streben nach Höchstleistungen wurde Marjorie mindestens einmal als „Isebel" bezeichnet, obwohl sie weder rebellisch noch subversiv ist. Und sie erlebte körperlichen, gewalttätigen Missbrauch durch Gemeindeleiter, die verlangten, dass sie sich „unterordnete" – Missbrauch, für den diese im Gefängnis hätten landen sollen.

Jahrelang lebte Marjorie in dem Glauben, dass ihre starke Persönlichkeit sündhaft wäre. Sie kämpfte damit, wer sie war und wünschte, sie wäre stiller und gesellschaftlich besser akzeptierbar. Sie erzählte mir, dass sie regelmäßig zu Gott schrie: „Warum kann ich nicht so ruhig sein wie die Frau des Pastors?" Vor ein paar Jahren half eine

Freundin, die in der Gemeindeleitung arbeitet, Marjorie schließlich, von der folgenden Lüge frei zu werden: „Wenn du stark bist, dann versuchst du, wie ein Mann zu sein." Dennoch, auch wenn sie sich nun innerlich frei fühlt und annehmen kann, wozu sie als Frau geschaffen wurde, glaubt sie immer noch, dass die meisten Männer sie als ein unsicheres Element in der Gemeindeleitung ansehen.

Als anerkannte und erfolgreiche Fachkraft gehört Gina zum Vorstand einer einflussreichen Organisation auf ihrem Gebiet. Trotz ihrer Errungenschaften fühlte sie sich in ihrer Heimatgemeinde übersehen und ignoriert, bis vor wenigen Jahren ihr Ehemann dem Vorstand der Gemeinde beitrat. Obwohl sie seit Jahren in der Gemeindeleitung sein wollte und Gaben hatte, die sie zu einem wertvollen Mitglied der Leitung machen würde, diente ihre Ehemann mehr als ein Jahrzehnt lang in der Leitung, bevor sie eingeladen wurde, sich ihm anzuschließen. Gina glaubt, dass ihre Berufung in erster Linie deshalb geschah, weil einer der Pastoren ihrer Gemeinde – ein Mann – sich stark dafür eingesetzt hatte.

Erin ist eine der jüngsten Frauen, die ich interviewte, doch sie hat bereits großen Einfluss und Erfolg als Teil eines Reisedienstes. Ihr Kommentar zum Thema, wie es ist, eine Frau in der Gemeinde zu sein, lautete: „Es ist schwer gewesen." Obwohl niemand dies ausgesprochen hatte, lehrte sie die Erfahrung, dass sie einen Pastor oder einen Anbetungsleiter heiraten musste, wenn sie Einfluss in der Kirche haben wollte. Dann, mit Anfang Zwanzig, sprach Gott zu ihr und veränderte ihr Paradigma. Sie sagte: „Zu einer Zeit, als viele meiner Freunde heirateten und

Kinder bekamen, entschied ich mich dafür, nicht auf einen Mann zu warten, damit mein Leben beginnen würde. Ich ließ Gott mein Leben leiten, keinen Mann." Als Erin mit dem Reisedienst begann, griff eine ältere Frau sie an und sagte ihr, dass sie nicht im Dienst sein sollte, weil sie nicht verheiratet war und keinen „Schutz" hätte. (Ja, es ist eine traurige Wahrheit, dass viele Frauen mitschuldig sind, dass die gläserne Decke über anderen Frauen in der Gemeinde bestehen bleibt.) Solcher Widerstand, auch wenn er sie nicht aufhielt, war ein regelmäßiger Begleiter ihres Lebens im Dienst. Rebecca, die die meiste Zeit ihrer Karriere in untergeordneten Positionen innerhalb der Gemeinde verbrachte, ist heute eine Leiterin an der Führungsspitze, sowohl in ihrer Gemeinde als auch in ihrem Wohnort. Der Aufstieg war alles andere als leicht. Sie erzählte mir von der Zeit, als sie zum ersten Mal bemerkte, dass sie als Leiterin begabt war. Vor nicht einmal zehn Jahren hatten die Mitarbeiter der Gemeinde, in der sie mitarbeitete, einen DISG-Persönlichkeitstest gemacht. Ihr Ergebnis zeigte, dass sie eine D-Typ-Persönlichkeit (dominant) hatte. Bis zu diesem Zeitpunkt hatten alle Frauen außer ihr, die im Test eine D-Typ-Persönlichkeit hatten, ihre Mitarbeit in der Gemeinde beendet und sich eine Nische in der freien Wirtschaft gesucht. Tatsache war, erzählte mir Rebecca, dass es für jede der Frauen keinen Platz innerhalb der Gemeinde gab, um als Leiterinnen zu wachsen. Sie selbst jedoch hatte es ausgehalten, und aufgrund ihrer Hartnäckigkeit hatte sie einen Weg für viele andere Frauen erschlossen. Sarah arbeitet in einem Reisedienst und ist zudem eine Autorin, die den Mitarbeitern von unzähligen

Gemeinden gedient hat. Nachdem sie und ihr Ehemann ihre Ausbildung an derselben Bibelschule absolviert hatten, wurden sie gemeinsam als Hilfspastoren in einer Gemeinde angestellt. Dennoch entdeckte Sarah schon bald, dass sie in die Arbeit mit den Frauen und Kindern verbannt wurde. Als sie dies erkannte, starb etwas in ihr ab. Sie kämpfte mit sich: *Warum werde ich ausgeschlossen? Ich habe genau die gleiche Ausbildung wie mein Mann.* Nach eineinhalb Jahren in dieser Umgebung hatte sie genug; sie entschloss sich, zurück zur Schule zu gehen und ein Diplom in Psychologie zu machen, damit sie den Einfluss haben konnte, den sie wollte, auch wenn dies außerhalb der Gemeinde sein musste.

Nicht lange, nachdem sie die Arbeit an ihrem Diplom begann, besuchte sie eine neue Gemeinde, wo sie von der Art und Weise, wie dort jeder anerkannt war, sehr beeindruckt wurde. Nach einigen Monaten in der Gemeinde ging Sarah mit auf einen Einsatz, den der Pastor leitete. Dieser Pastor erklärte, dass er und seine Frau beide Pastoren waren, gleichberechtigt miteinander dienten und in allen Entscheidungen das gleiche Stimmrecht hatten. Nachdem sie das gehört hatte, weinte Sarah einen ganzen Tag lang. Zum ersten Mal hatte sie einen Mann getroffen, der wirklich glaubte und es auch vorlebte, dass Frauen als Gleichgestellte wertgeschätzt werden. Ein paar Monate später bot derselbe Pastor Sarah an, Teil des Mitarbeiterstabes der Gemeinde zu werden. Dies war besonders bedeutsam, weil ihr Ehemann zu diesem Zeitpunkt nicht dort angestellt war. Zum ersten Mal fühlte sie sich als Person und als qualifizierte Leiterin bestätigt, nicht nur als „die

Frau von jemandem". Weil sie die Erlaubnis von diesem Pastor bekam, stark zu sein, musste sie nicht weglaufen und in der säkularen Welt arbeiten. Sie erzählte mir: „Ich habe nie daran gezweifelt, dass ich stark bin, doch ich brauchte Anerkennung und Wertschätzung von Männern, die mir die Möglichkeit gaben, Einfluss zu nehmen, so wie Jesus Glauben von den Menschen benötigte, um Wunder in Seiner Heimatstadt zu tun." Jamie, die in ihren Dreißigern ist, dient als Pastorin einer lokalen Gemeinde an der Seite ihres Ehemanns, nachdem sie jahrelang als Lehrerin gearbeitet hat. Sie sind nicht die einzigen Pastoren der Gemeinde, sondern Teil eines Pastorenteams, in dem mehrere verheiratete Paare mitarbeiten. Für jemanden, der nicht in der Kirche aufgewachsen ist, waren Jamies Erfahrungen als Frau in der Leiterschaft sehr herausfordernd. Sie wuchs in einer Familie auf, in der derjenige den Abwasch machte, der gerade Zeit hatte, egal ob es Mama oder Papa war. Geschlechtsspezifische Arbeit gab es nicht. Doch in der Kirche entdeckte sie, dass geschlechtsspezifisches Rollendenken in vielen Männern tief verwurzelt ist, besonders bei älteren Männern. Obwohl sie Frauen bevollmächtigen wollen, musste ihr Denken zuerst grundlegend verändert werden. Jamie glaubt, dass dies der Grund dafür ist, dass sie sich als Leiterin von den anderen Männern in ihrem Gemeindeleitungsteam nicht bestätigt oder wertgeschätzt gefühlt hat. Sie fühlt sich von denen bevollmächtigt, die unter ihrer Autorität stehen, doch von ihren Vorgesetzten wird sie hauptsächlich deshalb anerkannt, weil sie mit ihrem Ehemann verheiratet ist und nicht aufgrund ihrer Persönlichkeit oder wegen den Dingen, die sie einbringt. Helen ist sowohl eine Akademikerin als auch eine erfolgreiche Geschäftsfrau, die Diplome auf mehreren Fachgebieten hat, sowie einen Doktortitel in Wirtschaftswissenschaften. Nachdem sie jahrelang in Konzernen in Amerika gearbeitet hat, besitzt sie heute ihre eigene Firma und hat ein Buch geschrieben. Auch wenn sie Einschränkungen und Limitierungen als Frau in der Geschäftswelt erlebte, begegneten Helen dort wesentlich weniger Schwierigkeiten als zu dem Zeitpunkt, als sie ihr Buch und ihre Gedanken der christlichen Welt präsentierte. Bei mehreren Gelegenheiten, bei denen sie nach Möglichkeiten suchte, um ihr Buch den Führungskräften und Geschäftsleuten in der Gemeinde vorzustellen, wurde sie von den Gemeindeleitern an den Frauendienst verwiesen. Ihr Material ist nicht speziell auf Frauen ausgelegt, sondern allgemein für Geschäftsleute gedacht, doch diese Gemeindeleiter nahmen an, dass sie den Männern nichts zu bieten hätte.

Mangelnde Wertschätzung von Persönlichkeiten und Meinungen

Im Laufe unserer Gespräche fand ich heraus, dass viele dieser Frauen das Gefühl haben, dass zwar ihre Fähigkeiten wertgeschätzt werden, nicht aber ihre *Persönlichkeit*. Erin fühlte sich auf jeden Fall so. Ihre Talente hatten sie in eine Position gebracht, in der sie Einfluss über eine Menge Menschen hatte. Doch im Rahmen der täglichen Entscheidungen des Dienstes, in dem sie arbeitet, hat sie nicht das Gefühl, dass ihre Persönlichkeit als starke

Frau wertgeschätzt wird. Ihrer Erfahrung nach wird eine starke Persönlichkeit bei einer Frau als negativ angesehen, doch bei einem Mann ist sie positiv. Sie räumte ein, dass von ihr aufgrund ihrer Berufung natürlich eine Menge erwartet wird, doch sie hat dennoch das Gefühl, dass von ihr noch mehr gefordert wurde, wegen ihres Geschlechtes. „Männer vertrauen nicht so sehr in die Fähigkeiten, Reife und Intelligenz einer Frau", bemerkt sie, „deshalb musste ich mich mehr verbiegen, um mich selbst zu beweisen." Eine der größten Verbiegungen betrifft ihre Gefühle. „Ich bin eine sehr emotionale Frau", gab sie zu, „und ich musste hart daran arbeiten und lernen, wie ich meine Emotionen unter Kontrolle halte." Doch als Erin lernte, ihre Gefühle zu kontrollieren, bemerkte sie auch, dass an Männer auf diesem Gebiet geringere Anforderungen gestellt werden. Männer gehen grundsätzlich davon aus, dass Frauen übermäßig gefühlsbetont sind, und sie (Männer) sind das nicht. Dies erzeugt ein Umfeld, in dem Männern emotionale Ausrutscher eher vergeben werden als Frauen. Wenn ihre männlichen Kollegen Ärger oder Entmutigung zum Ausdruck bringen, dann reagieren die anderen Männer normalerweise mit Anteilnahme und Verständnis. Doch wenn Erin ein Ausrutscher passierte, dann wurde sie gerügt, dass sie „zu emotional" sei.

Generell empfindet Erin, dass ihre Kollegen und Vorgesetzten – alles Männer – wollten, dass sie in eine männliche Form von einem guten Leiter passte. Dies taten sie nicht bewusst – sie handelten einfach aus dem einzigen Muster heraus, das ihnen vertraut war. Erin zeigte ihrem Chef schließlich diese Dynamik auf, und seit damals hat er seine Art verändert, wie er sie leitet. Er hat aufgehört, sie in eine männliche Form pressen zu wollen und sich darauf konzentriert, ihr zu helfen, eine gute Leiterin *als Frau* zu werden. Erin ist dafür dankbar, doch sie gibt zu, dass es immer noch ein langer Weg ist, bis dies tatsächlich umgesetzt ist.

Ähnlich empfindet auch Marjorie, dass ihre Meinung in der säkularen Welt von Männern und Frauen und von ihren Vorgesetzten sehr wertgeschätzt wurde, doch in der Kirche wurde sie nicht wertgeschätzt. „Ich hatte nie einen säkularen Job, in dem ich nicht geehrt wurde und man nicht sagte: ‚Wie können wir dich klonen?' Doch in der Kirche habe ich das nie erlebt." Wie Erin empfindet Marjorie, dass die Gemeinde zwar ihre Leistung und ihre Erfolge geschätzt hat, aber nicht ihre Persönlichkeit, von der man ihr gesagt hatte, dass sie „zu stark" und „einschüchternd" wäre. Als sie ein kleines Mädchen war, hatte ihr Vater, der alles andere als autoritär war, oft zu ihr gesagt: „Du kannst alles tun." Ihre Erfahrungen in der Gemeinde waren jedoch weit entfernt von diesem Versprechen.

Jamie bestätigte Marjories Gefühle. Als sie im säkularen Bildungswesen arbeitete, hatte sie sich stets bestätigt gefühlt und war selbstsicher als Sprecherin und Leiterin. Doch in der Kirche, in der sie Pastorin ist, hat sie den Eindruck, dass ihre Vorgesetzten nicht einmal gut genug wissen, welche Fähigkeiten sie hat und diese schon gar nicht schätzen. Sie ist in erster Linie im Team, weil sie mit einem Leiter verheiratet ist. Als sie anfangs in die Gemeinde kam, in der sie heute Pastorin ist, sprach eine der weiblichen Leiterinnen regelmäßig darüber, die Frauen zu bevollmächtigen.

Damals dachte Jamie: *Warum sprichst du immer noch darüber? Ich bin bevollmächtigt.* Doch als sie ihre Arbeit als Pastorin aufnahm, begann sie zu verstehen, warum diese Frau so viel Zeit für dieses Thema verwendet hatte. Sie hatte nicht erkannt, dass es die gläserne Decke gab, bis sie sich selbst den Kopf daran gestoßen hatte. Sie sagte mir: „Je näher du an die Spitze kommst, desto dünner wird die Luft für Frauen."

Einmal, als Rebecca ihrer Gemeinde vorschlug, eine bestimmte weibliche Sprecherin einzuladen, um dort öfter zu dienen, wurde ihr gesagt, dass die Frau „zu politisch sei und zu viel herumschreien würde". Zur gleichen Zeit gab es damals mehrere männliche Sprecher, die dieselben Eigenschaften an den Tag legten und regelmäßig in ihrer Gemeinde dienten. Rebecca stellte dabei fest: „Dies wurde akzeptiert, weil es Teil eines männlichen Paketes war, keines weiblichen." Rebecca erkennt, dass dieser Mangel an Wertschätzung in vielen Gemeinden nicht bösartig ist. „Es ist einfach Tradition – was die Leute überall um sich herum sehen – und es ist schwer, aus diesem Denkmuster auszubrechen."

„Die Kirche hat manchmal Erwartungen an mich, wer ich als Frau sein soll, die nicht realisierbar sind, und das schränkt meinen Einfluss ein", sagte Sarah schlicht. „Nicht alle Frauen sind gleich. Sie sollten aufgrund ihrer Berufungen wertgeschätzt und nicht pauschal über einen Kamm geschert werden", führt sie weiter aus und zitiert die Annahme in vielen Gemeinden, dass alle Frauen gute Mitarbeiter im Kinderdienst sind. „Jesus sieht die Identität und das Potential der Menschen, und das ist nicht durch ihre Rasse oder ihr Geschlecht *definiert*." Gina stimmte Sarah zu, doch sie sagte, dass sie wie viele Frauen lernen musste, sich auf eine Weise zu präsentieren, die kulturell akzeptiert wird. Dies bedeutete im Wesentlichen, dass sie ihre Weiblichkeit „abschwächen" musste, um in der männlichen Welt effektiv zu sein. „Du kannst als Frau mit viel davonkommen, wenn du es klug anstellst", sagte sie. Dennoch wünscht sich Sarah eine bessere Lösung: „Wir müssen die Unterschiede zwischen den Geschlechtern feiern, ohne eines davon herabzusetzen."

Mit männlichen Kollegen und Vorgesetzten arbeiten

Als ich sie fragte, welche Erfahrungen sie bei der Arbeit mit Männern gemacht hatte, erzählte mir Marjorie, dass ihr männlicher Vorgesetzter in der Kirche ihr regelmäßig sagt, dass sie kein guter Teambildner sei, obwohl sie von ihren Mitarbeitern und den Menschen, denen sie vorstand, immer eine sehr positive Rückmeldung erhalten hatte. Die einzige Erklärung, die sie für diese Diskrepanz finden kann, ist erneut ihre starke Persönlichkeit. „Ich denke nicht, dass ich hinsichtlich meiner Persönlichkeit so viel korrigiert werden würde, wenn ich ein Mann wäre", sagte sie. Sie fragt sich, ob ihre Persönlichkeit der Grund ist, warum sie nicht befördert wurde.

Als die erste weibliche hauptverantwortliche Leiterin in ihrer Gemeinde (obwohl sie nicht der Hauptpastor ist) begegnete Rebecca großem Widerstand, als sie damals für die Stelle in Erwägung gezogen wurde. Als sie schließlich angestellt wurde, bekam sie Restriktionen, die ihre männlichen Kollegen nicht hatten. Viele der Männer, die unter ihrer Leitung arbeiteten, verdienten mehr Geld als sie. Doch nachdem sie ein bis zwei Jahre lang ihre Kompetenz in ihrer Position demonstriert hatte, begannen ihre männlichen Mitarbeiter für sie um eine größere Gleichheit zu ringen. Seit damals wurden viele Ungleichheiten aufgelöst, und Rebecca fühlt sich nun als Leiterin in der Gemeinde angenommen und unterstützt.

Für Erin war die Möglichkeit, mit geistlichen Vätern zusammenzuarbeiten, die an sie glaubten, für sie kämpften und ihr erlaubten, von ihren Fähigkeiten und Fehlern zu lernen, ein Höhepunkt in ihrer Zusammenarbeit mit Männern in der Gemeinde. Dennoch gaben ihr viele Erfahrungen mit männlichen Mitarbeitern häufig das Gefühl, ein Außenseiter zu sein. „Ich mag es nicht, wenn ich wie ‚einer von den Jungs' behandelt werde", sagt sie. „Ich möchte respektiert werden und keine rüden Witze und Vertraulichkeiten hören."

Erin erzählte mir eine Geschichte über einen Versuch, den sie unternahm, um einigen ihrer Mitarbeiter dabei zu helfen, Unstimmigkeiten zu bereinigen. Sie bemerkte, dass viele ihrer männlichen Kollegen Probleme mit einem der anderen Männer hatten, doch keiner wollte mit ihm darüber sprechen. Als das Problem eskalierte, entschied sich Erin dafür einzuschreiten und diesen Kollegen zu konfrontieren, obwohl sie persönlich nicht von ihm angegriffen worden war. Sie dachte, sie könnte als dritte Partei dabei helfen, das Problem zu lösen und den Frieden im Büro wiederherzustellen. Doch als sie mit diesem

Mann darüber sprach, ließ er sie mit flapsigen Worten stehen: „Wir sind einfach Männer bei der Arbeit." Er sagte damit: „Du verstehst das nicht, weil du eine Frau bist. Du reagierst einfach über." Er lehnte es vollkommen ab, auf sie zu hören. Erin konnte es nicht glauben. Um ihm zu zeigen, dass das Problem, das sie angesprochen hatte, tatsächlich ein Problem war, rief sie ein Meeting des gesamten Teams zusammen. Sie erklärte das Problem, und die anderen Männer bestätigten einer nach dem anderen, dass sie ihre Gefühle korrekt wiedergegeben hatte. Als die Anspannung im Raum stieg, arbeitete Erin hart daran, um zwischen den Kollegen zu vermitteln und eine friedliche, rationale Atmosphäre aufrechtzuerhalten. Sie wollte nicht, dass sich alle zusammenrotteten und zu hart mit ihm umgingen. Doch trotz ihrer Bemühungen war klar, dass er sich verletzt fühlte. Plötzlich wandte er sich an sie und sagte: „Dies wäre nie passiert, wenn Sie nicht gewesen wären!" Er schob ihr die Schuld für das Ganze in die Schuhe. Schlimmer noch, keiner der Männer im Raum verteidigte sie. Erin entschloss sich, die Konfrontation zu beenden und sich selbst nicht zu verteidigen. Ihr ist bewusst, dass sie, wenn sie emotional reagiert hätte und mit jemandem aus dem Team so gesprochen hätte, wie der Mann mit ihr gesprochen hatte, deswegen konfrontiert worden wäre.

Wie Erin ist auch Jamie dankbar für die Möglichkeit, mit Männern zusammenzuarbeiten, die Charakter und ein gutes Herz haben und emotional und geistlich gesund sind. Sie vertraut ihnen und ist durch ihre Stärken herausgefordert. Dennoch sagt sie, dass alles in allem ihre

Erfahrungen, mit ihnen Seite an Seite zu arbeiten, hart gewesen sind. Sie empfindet, dass sie als Leiterin „nicht dem Standard entspricht", weil sie eine Frau ist. „Ich fühle mich wie der ‚Lückenfüller'", sagte sie mir. „Ich bin dort, um die Lücken zu füllen, die sie hinterlassen, und 80 Prozent der Zeit fühle ich mich so, als ob ich ‚nur als die Ehefrau' angesehen werde."

Jamie betonte, dass sie es liebt, eine Ehefrau zu sein, und dass sie und ihr Mann eine sehr enge Beziehung haben, doch in ihrer Rolle in der Gemeinde wünscht sie sich, dass sie als Individuum geschätzt wird, nicht nur als ein Anhängsel ihres Mannes. „Nur 20 Prozent der Zeit fühle ich mich persönlich als Leiter bestätigt."

Gina sagte einfach: „Es war schwierig, so viele Jahre lang ignoriert zu werden."

Die Widersprüche

Die Existenz einer gläsernen Decke bedeutet, dass es eine Störung gibt zwischen dem, was gesagt wird und dem, was getan wird. Diese Widersprüche zeigen sich auf vielerlei Weise. Elizabeth erzählte mir, dass sie, wenn sie für ihren Dienst unterwegs ist, oft fragt: „Wer sind die starken Frauen in eurer Gemeinde, und wo sind sie?" Ihrer Erfahrung nach suchen Menschen nach Gemeinden, die nicht nur die Gleichberechtigung von Männern und Frauen predigen, sondern sie *sichtbar* demonstrieren, indem sie auf jeder Leitungsebene Platz für qualifizierte Frauen machen – besonders auf der Ebene der Hauptleitung, die am meisten gesehen wird. Elizabeth kam zu dem Schluss, dass sich

Gemeinden, solange sie starken Frauen nicht erlauben, an einem sichtbaren Platz als Sprecher und Prediger aufzutreten, im Hinblick auf die Bevollmächtigung der Frauen nicht weiterentwickeln können. Gina greift ihre Gedanken auf. „Wir sprechen über Frauen in der Leitung, aber wir haben nicht viele – zumindest nicht an der Spitze, und auch keine, die sonntags predigen." Dies ist wichtig, sagt sie, denn Frauen müssen andere Frauen im Dienst sehen, um daran zu glauben, dass dies auch für sie möglich ist. Sie brauchen Rollenvorbilder.

Sarah bestätigt ebenfalls, dass es schwer zu glauben ist, dass Frauen wirklich Leiterinnen sein können, solange in einer Gemeinde nicht tatsächlich weibliche Hauptleiter sichtbar sind. Sie erzählte mir: „Kleine Mädchen sagen nicht: ‚Ich will Pastor werden', weil es keine Vorbilder dafür gibt. Stattdessen sehen sie das Vorbild von Frauen, die Ehefrauen eines starken Mannes sind. Ihnen wird nur selten die bevollmächtigende Botschaft des Wortes Gottes gelehrt, damit sie entdecken, was Gott von ihnen will – dass alles möglich ist. Aus diesem Grund neigen Frauen dazu, in der Gemeinde weniger Erwartungen zu haben und eine geringere Aufgabe anzustreben."

Jamie sieht gravierende Widersprüche in der Art, wie sie im Vergleich zu ihrem Ehemann behandelt wird. Obwohl sie als Team arbeiten, empfindet sie, dass ihre Meinung noch nicht einmal auf dem Radar ihrer männlichen Vorgesetzten auftaucht, wenn es darum geht, Entscheidungen zu treffen. Ihr Ehemann wird zu Treffen eingeladen und ihm wird wirkliche Autorität übertragen, doch ihr nicht. Jamie sagte: „Es gibt einen Unterschied zwischen ‚gemocht

zu werden' und zu Treffen eingeladen und bewusst aufgebaut zu werden." Ihrer Erfahrung nach ist dieses Aufbauen von Leitern nur jungen Männern vorbehalten – so sehr, dass sie zugab: „Ich habe keine Ahnung, wie ich eine andere Frau in unsere Leiterschaft befördern soll, sofern sie nicht mit einem männlichen Leiter verheiratet ist."
Jamie sagte mir, dass ihr Ehemann ihr größter Fürsprecher ist. Er hört sich ihre Bedenken zu diesem Thema an, und sie hofft, dass sie gemeinsam eine echte Veränderung für Frauen in das Umfeld ihrer Heimatgemeinde bringen können. Es gibt Gleichberechtigung auf den niedrigeren Ebenen der Leiterschaft in der Gemeinde, sagte mir Jamie, doch sie bemerkte, dass es definitiv eine Obergrenze gibt, zu was Frauen eingeladen werden. „Es macht mich krank, dort oben nur Männer zu sehen, denn ich weiß, dass Gott nicht so ist", fügt sie hinzu.

„Ich höre ‚Ja', aber ich sehe keine Taten, die dies bestätigen", sagte Erin. „Es scheint fast so zu sein, dass die Männer, die Frauen bevollmächtigen wollen, nicht wirklich wissen, wie sie das anpacken können."

Rebecca nannte einen Grund für dieses Problem: „Wenn das Thema ‚Frauen im Predigtdienst oder in der Leiterschaft' in der Gemeinde aufkommt, dann sagen viele Männer: ‚Ich habe das Thema noch nicht einmal selbst studiert'." Sie haben sich kulturell weiterentwickelt – ihre Frauen tragen keine Kopfbedeckungen mehr – doch sie haben sich keine Zeit genommen, um Antworten auf die Fragen zu finden. „Es ist einfacher, alles so zu belassen, wie es ist", beobachtete sie. „Sie empfinden keine Notwendigkeit für Veränderung – besonders jene Leiter nicht, die mit Frauen verheiratet sind, die solche Themen nicht verfechten."

Ohne Mitspracherecht leben

Kein Mitspracherecht, ein Schlagwort unter Feministinnen und Minderheiten, kann folgendermaßen definiert werden: „Ohne die Macht oder das Recht, eine Meinung zum Ausdruck zu bringen".[21] Als ich sie fragte, ob sie sich jemals ohne Mitspracherecht gefühlt hatte, antwortete Erin schnell: „Ständig!" Sie erzählte mir, dass sie ständig ihre Meinung äußert, doch sie empfindet, dass sie nicht gehört wird. Manchmal bekommt sie sogar eine bestätigende Antwort, doch oft folgt darauf keine Aktion. Weil Erin eine sehr bekannte öffentliche Persönlichkeit ist, hat sie automatisch eine Stimme innerhalb ihrer Organisation, dennoch erzählte sie mir: „Es fühlt sich eher so an, als wollten sie mich beschwichtigen, weil sie es tun müssen, als dass sie wirklich meine Intelligenz und mein Urteilsvermögen schätzen."

Ganz Ähnliches erzählte mir Sarah, die häufig das Gefühl hatte, als wäre ihre Meinung nicht wichtig und dass man bei einer Sache nicht um ihre Stellungnahme gebeten hatte. Sie fühlte sich in einer Schublade. „Es wurde angenommen, dass ich keine Antwort hätte", sagte sie mir.

Obwohl sie jetzt eine Position hat, in der sie eine wichtigere Stimme hat, erzählt mir Rebecca, dass sie jahrelang durch ihren Ehemann sprechen musste, weil

---

21   Collins English Dictionary, s.v. "voiceless"; http://www.thefreedictionary.com/voiceless (Zugang vom 15.Juni 2012); übersetzt ins Deutsche

sie selbst nicht ernst genommen worden wäre. Kürzlich erzählte ihr eine ihrer Freundinnen, die sehr erfolgreich im Geschäftsleben ist: „Wenn du [über deine Arbeit in der Gemeinde] sprichst, dann hört sich das an, als ob du in der Politik wärst." Sie bezog sich dabei auf die Intensität des Umfeldes und die Kritik, der sie manchmal als Frau ausgesetzt ist.

Mit Schmerzen in ihrem Blick erzählte mir Marjorie, dass sie sich oft sprachlos gefühlt hat. Wieder und wieder musste sie dafür kämpfen, dass ihre Meinung gehört wurde, weil es keine elegante Art gab, wie sie gehört wurde, und anschließend musste sie sich mit der Kritik auseinandersetzen, dass sie sich behauptet hatte. Ihr wurde oft gesagt, sie sei zu aggressiv. „Hartnäckiges Verfolgen wird bei Frauen als negativ angesehen", bemerkte sie, „doch bei Männern es ist positiv." Aus diesem Grund glaubt sie, dass viele Frauen Schwierigkeiten haben, ihre Träume zu verfolgen und gehört zu werden. Stattdessen kritisieren sie sich selbst. Wenn sie nicht befördert werden, dann akzeptieren sie es einfach als „nicht Gottes Zeitplan", anstatt ihrer Berufung nachzugehen, wie es die Männer tun.

Jamie und ihr Ehemann haben häufig die Gelegenheit, sich mit Gemeinde- und Bereichsleitern aus der ganzen Welt zu treffen. Sie nimmt an, dass etwa bei 90 Prozent dieser Begegnungen, die anwesenden Leiter, die normalerweise Männer sind, hauptsächlich mit ihrem Mann sprechen und nicht mit ihr. Sie erzählen ihm alles darüber, was sie tun und wollen auch von seiner Arbeit hören, doch sie denken noch nicht einmal daran, Jamie in das Gespräch zu integrieren. Sie ermutigen ihren Mann oft mit einem Wort bezüglich seiner Berufung als Leiter und wie sehr Gott ihn gebrauchen will – was alles wahr ist – aber sie lassen Jamie vollkommen außen vor, obwohl die beiden gemeinsam als Paar dienen. „Es ist eine schmerzhafte Erfahrung, so übersehen zu werden", sagte Jamie. Es ist, als ob sie unsichtbar wäre und keinen Wert hätte, um etwas zum Gespräch oder für die Organisation beizutragen.

Druck, um Rollen und Platzanweisungen zu entsprechen

Elizabeth, die glücklich mit einem leitenden Angestellten ihrer Gemeinde verheiratet ist, hatte Druck erlebt, weil ihre Ehe nicht den traditionellen Vorstellungen von männlichen und weiblichen Rollen entsprach. Wenn Elizabeth für ihren Dienst reist, was bei ihr viel häufiger vorkommt als bei ihrem Ehemann, dann wird ihr Mann regelmäßig gefragt, wo seine Frau ist, als ob es nicht akzeptabel wäre, dass sie reist, wenn er das nicht tut. Ihr Ehemann musste lernen, auf diese Frage zu antworten, ohne sich angegriffen oder herabgesetzt zu fühlen. Als sie über diese Sache nachdachte, bemerkte Elizabeth, dass hierfür ein sehr sicherer, wertschätzender Partner notwendig ist, der seiner Frau erlaubt, eine starke Kraft innerhalb der Gemeinde zu werden.

Als Sarah in der Bibelschule war, fragte sie die Ehefrau eines der Professoren, ob sie ihre Mentorin werden würde. Als Antwort begann diese Frau ihr ihre Überzeugung mitzuteilen, dass eine Frau ihre persönlichen Träume ablegen sollte, um die Berufung ihres Mannes zu unterstützen. Sarah wusste sofort, dass diese Frau keine gute Mentorin für sie wäre, weshalb sie weiter suchte. Sie entschloss sich, nie wieder ihr Herz und ihre Träume gegenüber einer anderen Frau in der Kirche zu öffnen, die sie niedermachen würde, weil sie solche Visionen hatte. „Ich gab mir damals selbst ein Versprechen, dass ich Frauen unterweisen will, ihre Berufung zu erfüllen, wenn ich die Gelegenheit dazu bekomme, und dass ich sie niemals das empfinden lasse, was man mich spüren ließ – dass ich nämlich ein Bürger zweiter Klasse war."

Marjorie bemerkte einen deutlichen Unterschied in der Art, wie Männer mit Frauen in einem säkularen Umfeld, im Vergleich zu einem christlichen Umfeld sprechen. Während sie bei einer christlichen Institution arbeitete, kam eine Kollegin zu ihr und wollte einen Rat, weil ein Mann zu ihr gesagt hatte: „Wow, bist du emotional. Hast du deine Periode?" Marjorie sagte, dass sie in keiner säkularen Stelle, in der sie arbeitete, jemals gehört hatte, dass ein Mann so respektlos mit einer Frau sprach. Doch traurigerweise erfuhr sie, dass diese Art offensives Verhalten im christlichen Bereich nicht ungewöhnlich ist.

Rebecca hatte viele Geschichten darüber zu erzählen, wie sie scheinbar bedeutungslose Kommentare erhielt, die sie jeweils „an ihren Platz verweisen" und ihr ihren zweite-Klasse-Status als Frau in der Gemeinde vermitteln sollten. Bei mehr als einer Gelegenheit saß sie in einem Flugzeug neben einem christlichen Mann, der sie fragte: „Was machen Sie?" Nachdem sie antwortete: „Mein Mann und ich sind gemeinsam im Dienst", korrigierte der Mann sie und sagte etwas Ähnliches wie: „Sie meinen, ihr Ehemann ist ein Prediger, richtig?"

Andere Kommentare waren weniger subtil. Wenn sie reiste, um in Gemeinden zu sprechen, dann erlebte Rebecca, dass Männer sich ihr mit einer offenen Bibel näherten und Bibelstellen zitierten, um ihren Glauben zu stützen, dass sie nicht in der Gemeinde lehren sollte. Jemand sagte ihr einmal, sie solle „ihre Augen niederschlagen", während sie sprach, um „weiblicher" zu erscheinen. Bei einer Gelegenheit kam ein Mann in das Gebäude, in dem sie arbeitete. Obwohl sie nicht die einzige Person im Raum war, kam der Mann auf sie zu und sagte: „Sie sehen aus wie die Sekretärin von jemandem. Vielleicht können Sie mir helfen." Vor einigen Jahren saß sie in einer Mitarbeiterversammlung in ihrer Gemeinde, in der der Pastor alle Angestellten informierte, dass die Frauen nicht so viel Geld bezahlt bekämen wie die Männer, weil die Frauen in ihren Familien nicht die „Brötchen verdienen" müssen. Sie weinte tagelang nach dieser Versammlung.

Rebecca erzählte mir auch über eine Klasse für junge Frauen, in der sie manchmal unterrichtete. In diesem Kurs fragt sie die Frauen, welche Träume sie haben. Ein großer Prozentsatz sagt: „Ehefrau und Mutter sein." Darauf antwortet Rebecca: „Okay, das wird bald passieren, und was dann?" Sie fragt: „Was wollt ihr danach tun?" Wieder und wieder sind die jungen Frauen, die diesen Kurs besuchen, völlig erstaunt. Sie haben keine Idee, was sie darauf sagen sollen. In der Gemeinde wurde ihnen gelehrt, dass die Ehe und die Mutterschaft alles ist, was sie tun können. Stattdessen erzählt ihnen Rebecca, dass sie sich nach ihren Träumen ausstrecken sollen. Sie sagt: „Ich glaube, dass Frauen alles haben *können,* auch wenn vielleicht nicht alles auf einmal möglich ist."

Warum sollten wir uns darum kümmern?

Jede dieser Frauen hat schmerzvolle Erfahrungen gemacht, wie sie an die gläserne Decke der Kirche gestoßen ist. Einige fanden Heilung für ihr Herz. Andere sind immer noch verletzt. Doch sie alle sind ein Beweis dafür, dass diese Decke tatsächlich existiert. Sie sind der Beweis, dass es immer noch schwerer ist als wir denken, dass eine Frau „etwas bewegen kann", sogar in den freiesten Gemeinden.

Wenn wir bereit sind zuzuhören, dann sind diese Geschichten eine Einladung für uns, um aufzustehen und für Freiheit und Wahrheit zu kämpfen. Viele von uns haben es sich lange Zeit bequem gemacht, weil wir nicht zuhörten und die Wahrheit nicht begriffen, wie es sich anfühlt, eine Frau in der Kirche zu sein. Jetzt haben wir ein kleines Stück aus der Geschichte der Frauen gehört – ein Stück, das von Frauen kommt, die von vielen bereits als stark und vollmächtig angesehen werden. Sie sind reife, intelligente und kompetente Frauen, und zum Großteil arbeiten und besuchen sie Gemeinden, die an die Gleichberechtigung der Geschlechter glauben. Die Unterdrückung von Frauen in der Gemeinde ist kein typisches Thema in ihrem Leben oder ihrem Dienst, und es sind auch keine Frauen, die viel Zeit darauf verwenden, sich zu beklagen, dass Männer sie zu Opfern gemacht haben.

Die Realität der gläsernen Decke

Sie sind entschlossen, die Hürden auf dem Weg zu ihrer Berufung zu überwinden – egal, was es kostet.

Doch sie weigern sich, die Begrenzungen zu verleugnen, die sie erlebt haben.

Ihre Geschichten offenbaren eine traurige Wahrheit, die wir untersuchen müssen. Ein Problem kann nicht gelöst werden, wenn wir nicht erkennen, dass es existiert. Hoffentlich erkennst du langsam, dass dieses Problem real ist. Die gute Nachricht ist, dass der Himmel sowohl den Mut als auch die Antwort schenkt, die wir brauchen. Die Frage ist: Was werden wir mit dem machen, was wir gerade gehört haben?

Eine Sache, die wir tun müssen, ist aufzuhören, die Bibel als Entschuldigung für die gläserne Decke zu verwenden. Es ist an der Zeit, dass wir einige dieser kontroversen Verse über Frauen in der Gemeinde näher betrachten. Wir müssen sicherstellen, dass wir nicht zulassen, dass durch oberflächliches Lesen dieser Verse eine Selbstzufriedenheit geschaffen wird, die großen Wert darauf legt, was Frauen alles vorweisen müssen.

Kapitel Vier

PAULUS: APOSTEL DER FREIHEIT UND GLEICHBERECHTIGUNG

Ich habe viele männliche Gemeindeleiter gefragt, ob sie jemals ein Bibelstudium zum Thema Frauen in Leiterschaft in der Gemeinde gemacht haben. Die typische Antwort, die ich erhalte, ist: „Nein, ich habe das noch nicht einmal selbst studiert."

Im Grunde genommen sagen mir diese Männer damit, dass sie mit dem Status Quo zufrieden sind und kein Bedürfnis haben, etwas zu verändern – eine normale Einstellung unter den Männern an der Spitze. Leider ist ihnen nicht bewusst, wie riskant es ist, diese bequeme Einstellung beizubehalten. Bequeme Menschen riskieren, träge und mittelmäßig zu werden, weil sie Gelegenheiten aus dem Weg gehen, durch die sie etwas lernen und wachsen können. Sie riskieren auch, den Bezug zur Realität zu verlieren, weil sie sich normalerweise mit anderen bequemen Menschen umgeben und damit jede Form von „Perspektivenvielfalt" vermeiden. Ich glaube, dass die Kirche sich diesen beiden Gefahren ausgesetzt hat, indem sie es verpasst hat, proaktiv nach Gottes Platz für Frauen in der Gemeindeleitung zu streben. Vollmächtige Frauen schaffen lebenswichtige Wachstumsmöglichkeiten und bringen notwendige Sichtweisen in die Leiterschaft des Leibes Christi. Diese Chancen und Perspektiven abzuweisen ist töricht.

Doch es besteht noch eine andere Gefahr, wenn wir den bequemen, männerdominierten Status Quo beibehalten. Es macht keinen Spaß, darüber zu sprechen, doch es muss getan werden. Es ist die Gefahr, selbstgefällig gegenüber dem sehr realen Missbrauch zu sein, der sich gegen Frauen in der Kirche richtet.

In meinem Beruf als Sozialarbeiter arbeitete ich viele Jahre lang mit Männergruppen, die wegen häuslicher Gewalt verurteilt worden waren. Ich verbrachte annähernd zwei Jahre mit einigen von ihnen. Sie waren absolut ratlos, warum Gewalt so ein Muster in ihrem Leben war. Es war meine Aufgabe, sie mit der Wahrheit zu konfrontieren, dass viele Männer, obwohl sie es nicht gerne zugeben, eine innere Angst und einen Hass gegen Frauen hegen. Dies ist bekannt als *Misogynie,* bzw. Frauenfeindlichkeit. Misogynie ist auch heute noch verbreitet, dank des patriarchalischen Paradigmas. Wenn Männer glauben oder glauben wollen, dass Frauen „von Natur aus" Untergebene sind – was viele Männer tun – dann sehen sie sie als minderwertig an. Wenn man Menschen als minderwertig ansieht, dann wird man sie schlecht behandeln, indem man sie vernachlässigt oder aktiv missbraucht. Ehelicher Missbrauch ist in evangelikalen Gemeinden genauso normal wie überall sonst. Etwa fünfundzwanzig Prozent der christlichen Haushalte erleben irgendeine Art von Missbrauch. In einer Studie wurden sechstausend Pastoren befragt, was sie tun würden, wenn eine Frau zu ihnen wegen häuslichem Missbrauch in die Seelsorge kam. Hier sind die schockierenden Ergebnisse:

- Fünfundzwanzig Prozent würden der Frau raten, sich weiterhin ihrem Ehemann unterzuordnen, egal was geschieht.
- Fünfundzwanzig Prozent würden der Frau sagen, dass der Missbrauch ihre eigene Schuld sei, weil sie sich nicht von Anfang an untergeordnet hätte.
- Fünfzig Prozent sagten, dass Frauen bereit sein sollten, „ein gewisses Maß an Gewalt zu tolerieren", weil es besser als Scheidung sei.[22]

Diese Statistiken sind schwer zu glauben, doch sie deuten auf eine Realität hin, die wir nicht ignorieren können. Viele Männer – christliche Männer – missbrauchen ihre Frauen körperlich, sexuell oder emotional, und oft bietet die Kirche nur wenig Schutz für diese Frauen. Und obwohl

---

22   Chuck Colson, "Domestic Violence within the Church: The Ugly Truth,"; Religion Today (20.Oktober 2009); http://www.religiontoday.com/news/domestic-violence-withinthe-church-the-ugly-truth-11602500.html (Zugang vom 20.Juni 2012); siehe auch Marcia Ford: "Domestic Violence and the Church," Spirit-Led Woman (30.September 2000); www.charismamag.com/index.php/spiritled-woman/relationships/26873-domestic-violence-and-the-church; übersetzt

viele von uns instinktiv wissen, dass dies nicht in Ordnung ist, haben wir Schwierigkeiten damit, das Problem anzugehen, weil die Vorstellung von der männlichen Überlegenheit tief in unserer Psyche verwurzelt ist – und es noch tiefer wurzelt, weil wir die Bibel verwendet haben, um dies zu bestätigen.

Die Wahrheit aktiv verfolgen

Ich sah kürzlich ein Interview mit einem muslimischen Geistlichen, der erklärte, was der Koran über die Rolle des Mannes in seinem Zuhause lehrt:

> Allah sagte im Koran, dass Männer die Wächter der Frauen sind, weil Allah die eine Person der anderen überlegen gemacht hat und weil die Männer sie mit ihren Mitteln versorgen. Also haben Männer das Wächteramt über Frauen, doch das bedeutet nicht, dass sie ihre Frauen unterdrücken oder demütigen können. Jede Gruppe von Menschen muss einen Leiter haben. Ein Staat muss einen Leiter haben, einen König, einen Präsidenten, einen Emir, einen Oman. Dasselbe gilt für eine Regierung; Ministerien brauchen einen amtierenden Minister und Abteilungen brauchen Direktoren. Dies ist die menschliche Natur; es muss Leitung geben. Der Haushalt besteht aus mehreren Familienmitgliedern, die einen Leiter brauchen. Wer ist der Leiter? Der Mann. Niemand kann behaupten, dass der Vers „Männer sind die Wächter der Frauen" eine Abwertung der Frauen darstellt. Dies ist nicht

wahr. Der Ehemann ist der Leiter der Familie, und er kümmert sich um ihre Angelegenheiten. Er ist verantwortlich für die Familie; er ist der Hirte der Familie. Er ist verantwortlich für die Herde, wie der Prophet sagte. Ein Mann ist ein Hirte für seinen Haushalt und ist verantwortlich für sie. Deshalb ist der Mann der Wächter. Er muss gerecht handeln; er muss seine Kinder gut erziehen. Er muss seine Verpflichtungen gegenüber seiner Frau und seinen Kindern erfüllen. Für die Frau heißt das, dass sie das Haus nicht ohne die Erlaubnis ihres Mannes verlassen kann, so wie auch kein Angestellter das Büro ohne die Erlaubnis seines Chefs verlassen kann.[23]

Als ich dieses Interview anschaute, wurde ich betroffen, weil es zu hören sich so bekannt anfühlte, indem solche patriarchalische Logik durch religiöse Texte erklärt und gerechtfertigt wird. Ich konnte mir ganz leicht vorstellen, wie bestimmte christliche Fundamentalisten bei ein oder zwei Punkten „Amen" zu diesem Geistlichen sagen. Obwohl sie vielleicht nicht zwingenderweise daraus schließen würden, dass Frauen untersagt werden sollte, das Haus ohne Erlaubnis zu verlassen, lesen und lehren doch viele in der Kirche bestimmte Stellen der Bibel auf eine sehr ähnliche Art, die sogar fast identisch ist mit der Art, wie dieser Moslem den Koran liest. Zum Beispiel lehren Menschen, dass Paulus' Aussage *„das Haupt der Frau ist der Mann"* (1. Kor 11, 3) eindeutig meint, dass Frauen den Männern untergeordnet sind. Auf ähnliche Weise wird der

---

23 "Subjugation of Muslim Women," Youtube.com; http://www.youtube.com/watch?v=mzifXKc7mAI (Zugang vom 9. Juli 2012).

Abschnitt in 1. Petrus 3 häufig so interpretiert, dass eine Frau tun muss, was immer ihr Ehemann sagt und dass das „schwächere Gefäß" bedeutet, dass Frauen weniger kompetent sind als Männer:

> *Ebenso ihr Frauen, ordnet euch den eigenen Männern unter, [...] Denn so schmückten sich auch einst die heiligen Frauen, die ihre Hoffnung auf Gott setzten und sich ihren Männern unterordneten: wie Sara dem Abraham gehorchte und ihn Herr nannte, deren Kinder ihr geworden seid, indem ihr Gutes tut und keinerlei Schrecken fürchtet. Ihr Männer ebenso, wohnt bei ihnen mit Einsicht als bei einem schwächeren Gefäß, dem weiblichen, und gebt ihnen Ehre als solchen, die auch Miterben der Gnade des Lebens sind, damit eure Gebete nicht verhindert werden! (1.Petrus 3,1a.5-7)*

Dann sind da natürlich Paulus' Anmerkungen dazu, dass Frauen in der Gemeinde sprechen. Diese werden immer noch verwendet, um die Lehre zu stützen, dass Frauen nichts wirklich Wertvolles beizutragen haben und niemals eine Leitungsfunktion in der Gemeinde einnehmen sollten:

> *Ich erlaube aber einer Frau nicht zu lehren, auch nicht über den Mann zu herrschen, sondern ich will, dass sie sich in der Stille halte. (1. Tim 2, 12)*

> *Wenn sie aber etwas lernen wollen, so sollen sie daheim ihre eigenen Männer fragen; denn es ist schändlich für eine Frau, in der Gemeinde zu reden (1. Kor 14, 35)*

Diese Lehren bestehen schon seit langer Zeit. Sie bilden eine Gedankenkette in einer langjährigen religiösen

Tradition, in der die Bibel verwendet wurde, um das patriarchalische Paradigma und seine Einrichtungen zu stützen – eine Tradition, die schon immer auf Kriegsfuß zu dem wahren Evangelium steht.

Eine der größten Schlachten in diesem anhaltenden Krieg, die Schlacht zum Thema Sklaverei, erreichte vor 150 Jahren ihren Höhepunkt in unserem Land. In den Jahren vor dem Bürgerkrieg wurde die Sklaverei vehement durch Prediger verteidigt, die Schriftstellen zitierten, um ihre Meinung zu begründen, dass diese Einrichtung eine von Gott bestimmte, „natürliche" gesellschaftliche Tatsache war. Sie zeigten auf, dass Abraham, der Vater des Glaubens, Sklaven hatte, dass Gott einer geflohenen Sklavin von Sarah, der Frau Abrahams, sagte, sie solle zu ihrer Herrin zurückkehren (siehe 1. Mose 16) und dass Isaak und Jakob ebenfalls männliche und weibliche Sklaven hatten. Sogar eines der Zehn Gebote besagt:

„Du sollst nicht das Haus deines Nächsten begehren. Du sollst nicht begehren die Frau deines Nächsten, noch seinen Knecht, noch seine Magd, weder sein Rind noch seinen Esel, noch irgendetwas, was deinem Nächsten gehört." (2. Mose 20, 17).

Und wie die Lehrer der weiblichen Unterordnung, behaupteten auch die „biblischen" Befürworter der Sklaverei, dass der Apostel Paulus auf ihrer Seite war; sie sahen, dass er bei verschiedenen Gelegenheiten über die Unterordnung der Sklaven schrieb:

Ihr Sklaven, gehorcht euren irdischen Herren mit Furcht und Zittern, in Einfalt eures Herzens, als dem Christus. (Eph. 6, 5)

Ihr Sklaven, gehorcht in allem euren irdischen Herren, nicht in Augendienerei, als Menschengefällige, sondern in Einfalt des Herzens, den Herrn fürchtend! (Kol 3, 22)

Alle, die Sklaven unter dem Joch sind, sollen ihre eigenen Herren aller Ehre für würdig halten, damit nicht der Name Gottes und die Lehre verlästert werde. (1. Tim 6, 1)

Auf der anderen Seite der Schlacht predigten die Abolitionisten ebenfalls die Bibel. Sie argumentierten, dass das Lager, welches die Sklaverei befürwortet, nicht nur einfach danebenlag, sondern in ihrer Verwendung der Schriftstellen komplett auf dem Holzweg war. Sklaverei, sagten die Abolitionisten, widerspreche dem Evangelium vollkommen. Das wahre Evangelium bestätige die alten, „natürlichen", unterdrückenden menschlichen Einrichtungen nicht; vielmehr zog es Menschen in eine neue soziale Wirklichkeit hinein: *„Da ist weder Grieche noch Jude, Beschneidung noch Unbeschnittenheit, Barbar, Skythe, Sklave, Freier"* (Kol 3, 11). Das wahre Evangelium setzt die Gefangenen „endlich frei"!

Wir wissen, wer die Auseinandersetzung zum Thema Sklaverei gewonnen hat (und, das darf man nie vergessen, zu welchem Preis). Wir wissen, wer die Bibel korrekt gelesen hatte und wer nicht. Und die Abschaffung der Sklaverei ist nicht das einzige Beispiel für sozialen und moralischen Fortschritt in unserer Geschichte, der durch das Evangelium angeheizt wurde; eine kleine Untersuchung der Bewegungen zum Thema Menschenrechte, Kinderarbeitsgesetze, Bildung und Wahlrecht der Frauen wird offenbaren, dass sie alle auf signifikante Weise auf diese Wahrheiten zurückzuführen sind. Die Bibel ist die eigentliche Quelle der Ideale von Freiheit und Gleichberechtigung, auf der unsere Nation begründet ist.

Dennoch wütet der Krieg um die Wahrheit auch heute noch. Die Menschen verwenden die Bibel nicht mehr, um die Sklaverei zu verteidigen, doch sie verwenden sie immer noch, um Gedanken zu stützen, die mit dem Islam und anderen patriarchalischen Religionen im Einklang sind. Deshalb besteht auch in dieser Generation die dringende Notwendigkeit, dass Bibellehrer die Gläubigen mit der Fähigkeit ausrüsten, „das Wort der Wahrheit recht auszuteilen" (siehe 2. Tim. 2, 15), damit sie nicht die schlechte Gewohnheit annehmen und die Bibel verwenden, um die Traditionen der Menschen gegenüber dem Evangelium zu verteidigen.

Wir müssen verstehen, dass die Bibel voller Aussagen ist, die dazu verwendet werden können und auch dazu verwendet wurden, um zwei *völlig entgegengesetzte* Positionen zu stützen. Die Bibel hat alle Freiheit in sich, die wir uns jemals wünschen könnten – sie ist vollgepackt mit Freiheit. Doch sie beinhaltet auch sehr viel Sklaverei, Völkermord und Fehlfunktionen. Die Frage, die wir uns stellen müssen, lautet: „Was suchen wir in der Bibel?" Wir werden das finden, was wir suchen, und unsere Suche ist stets durch unsere Herzenshaltung bestimmt. Wenn unser Herz von Furcht angetrieben wird, dann werden wir das patriarchalische Paradigma finden. Wir werden Verse finden, die Sklaverei, Rassismus, Sexismus, Spaltung, Vergeltung, Verbannung und Vorherrschaft entschuldigen oder rechtfertigen. Doch wenn unser Herz von Demut und einem Hunger nach Gott angetrieben wird, dann werden wir das Reich Gottes finden. Wir werden Wahrheiten finden, die die Gefangenen befreien, die Unterdrückten erheben, die Männer und Frauen gleichermaßen ehren und jede Form von Spaltung durch die Einheit des Geistes zerschlagen.

Ich sage nicht, dass wir uns die Verse aus der Bibel wie Rosinen herauspicken können. Das Herauspicken und Auswählen ist genau das Problem der Menschen, die die Bibel aus dem Blickwinkel eines patriarchalischen Paradigmas lesen. Die übergreifende Botschaft der Bibel ist entschieden anti-patriarchalisch. Man muss weit mehr von ihr entfernen und verdrehen, wenn man die Unterdrückung rechtfertigen will, als wenn man ihre Widersprüche studieren und auflösen will, um die Freiheit des Reiches Gottes zu rechtfertigen. Allerdings mindern Menschen, die zwar das Reich Gottes lehren, es jedoch vermeiden, sich mit kontroversen Abschnitten wie den oben genannten auseinanderzusetzen, ihre biblische Glaubwürdigkeit. Sie tun nichts, um das chronische, seit Generationen bestehende Problem zu beenden, dass Männer diese Verse verwenden, um Frauen zu unterdrücken.

Paulus' Entwurf für Freiheit

Jesu Umgang mit Frauen war völlig frei von allem, was dem Patriarchat auch nur ähnelte. Menschen werden Schwierigkeiten damit haben, die Worte und Taten Jesu so zurechtzubiegen, dass diese den Glauben an die weibliche Unterlegenheit rechtfertigen. Die Autorität, die sie stattdessen heranziehen, ist Paulus. Und Paulus machte einige sehr kontroverse Aussagen über Frauen und ihre Rolle sowohl in der Kirche als auch in der Ehe.

Doch bedenke Folgendes: Würde Jesus, der Verteidiger der Frauen, einem patriarchischen Apostel erlauben, den größten Teil des Neuen Testamentes aufzuschreiben?

Ja, das macht genauso wenig Sinn.

Eine wichtige Frage, die wir im Gedächtnis behalten sollten, lautet also: „Wie stimmt Paulus' Lehre über die Frauen mit dem überein, was Jesus lehrte und praktizierte?"

Wir müssen auch nach Übereinstimmungen zwischen den kontroversen Versen von Paulus und dem Rest seiner Lehre suchen. Dies ist alles andere als geradlinig. Was bedeutet es, dass der Mann, der schrieb:

> *„Ich erlaube aber einer Frau nicht zu lehren, auch nicht über den Mann zu herrschen..." gleichzeitig auch den folgenden Vers schrieb: „Da ist nicht Jude noch Grieche, da ist nicht Sklave noch Freier, da ist nicht Mann und Frau; denn ihr alle seid einer in Christus Jesus." (Gal. 3, 28)?*

Wir können die scheinbaren Widersprüche in solchen Aussagen nur verstehen und auflösen, wenn wir das Herz von Paulus und die Grundbotschaft seines Dienstes verstehen. Dazu müssen wir uns tiefer mit dem historischen und inhaltlichen Kontext beschäftigen.

Paulus stand als apostolischer Architekt an der Spitze der größten kulturellen Transformation in der Menschheitsgeschichte. Er war beauftragt worden, die himmlischen Pläne von Gerechtigkeit und Freiheit auf der Erde zu etablieren. Seine Mission war es, das Evangelium den

Heiden zu predigen und die Grundlage für eine neue Reich-Gottes-Kultur zu legen, in der Juden und Heiden sich in einer gemeinsamen Identität, gemeinsamen Grundwerten und einer gemeinsamen Beziehung zu Gott vereinen konnten. Doch dies stellte sich als schwerere Aufgabe heraus, als sich das anhört. Sowohl die Juden als auch die Heiden kamen aus problematischen kulturellen Traditionen und mit Denkweisen zum Christentum, die komplett im Widerspruch zum Evangelium standen.

Unter den Juden kämpfte Paulus ununterbrochen, um ihnen zu beweisen, dass das Christentum ein völlig neuer Bund war – eine neue Beziehung zwischen Gott und der Menschheit – der den alten Bund ersetzt. Die Juden hatten sich niemals vorgestellt, dass der Dienst des Messias noch jemand anderem gelten würde als ihnen, Gottes auserwähltem Volk. Es war eine echte Herausforderung für die jüdischen Christen, zu erkennen, dass Gott *jedem* denselben Status geben wollte, insbesondere ohne sie zuvor zu Juden zu machen. Jahrhundertelang konnte ein Heide nur in den Bund mit Gott eintreten, wenn er zum Judentum konvertierte. Dies ist der Grund, warum viele „Judaisierer" durch Palästina reisten und die Neubekehrten lehrten, dass sie sich nicht nur taufen, sondern auch beschneiden lassen und das Gesetz einhalten mussten. Paulus bemühte sich sehr darum, ihnen zu zeigen, dass diese kulturellen Forderungen bedeuten würden, wieder zum Alten Bund zurückzukehren.

Paulus versetzte der jüdischen Identität einen vernichtenden Schlag, als er gegen die Beschneidung predigte und die tiefsitzenden Denkweisen in ihrer Kultur ansprach

– und damit auch ihre geistliche Überlegenheit, ihre Privilegien und ihre Autorität, die das Erbe der jüdischen Rasse gegenüber den Heiden stützten. Als ehemals leidenschaftlicher und pflichtbewusster Pharisäer und Gesetzeslehrer war er wahrscheinlich der Einzige, der mit so etwas überhaupt davonkommen konnte. Sogar Petrus gab an einem Punkt klein bei gegenüber den Judaisierern (siehe Gal. 2, 11-13). Doch Paulus hatte so ein tiefes und grundlegendes Verständnis von den Unterschieden zwischen dem Alten und dem Neuen Bund (und hatte so vollkommen zum Neuen übergewechselt), dass er nicht ins Wanken geriet.

Die Beschneidung als Zeichen des Alten Bundes war ausschließlich für jüdische Männer gedacht. Die Taufe war allumfassend. Für die Taufe brauchte man eine andere Ausrüstung als für die Beschneidung. Man musste nass werden können.

Die Taufe war ein klares Signal dafür, dass der Weg zur Legitimierung von Gehorsam, Glaube und Gerechtigkeit nicht länger auf die Männer beschränkt war. Dies gab insbesondere den Frauen einen Wert, den sie nie gehabt hatten. In der jüdischen Kultur gewannen die Frauen sozialen Wert und geistliche Legitimation nur durch die Ehe mit einem beschnittenen Mann, sowie durch die Geburt von männlichen Kindern, die beschnitten werden konnten. Doch mit seinem Widerstand gegen die Notwendigkeit der Beschneidung sagte Paulus aus: „Dieses Denken ist nicht mehr zulässig! Es gibt keine Juden und Heiden, keine Sklaven und kein Mann-Frau-Wertesystem mehr. Dies wurde mit Christus aufgehoben. Jetzt haben wir alle denselben Wert!"

Hinsichtlich der Heiden musste sich Paulus mit anderen kulturellen Wertesystemen auseinandersetzen. An dieser Stelle kommen in erster Linie seine Kommentare über die Frauen in der Gemeinde aus 1. Korinther und 1. Timotheus (die Kommentare, die verwendet wurden, um Frauen im Dienst einzuschränken und auszuschließen) ins Spiel.

Ich möchte gerne zwei dieser Aussagen näher betrachten und aufzeigen, wie abwegig es ist, sie so zu lesen, als wären sie eine Norm, um sie dann zu verwenden, um Frauen im Dienst zu beschneiden. Dann, im nächsten Kapitel, werden wir Paulus' Lehre über das „Haupt" in der Ehe tiefer beleuchten. Unsere Glaubensüberzeugungen über geschlechtsspezifische Autorität in der Kirche und geschlechtsspezifische Autorität in der Ehe sind miteinander verknüpft. Und wir müssen aufdecken, was Paulus über beide Themen lehrt, um ein solides biblisches Verständnis darüber zu entwickeln, was Autorität und Geschlechter im Kontext des Reiches Gottes bedeuten.

Bestimmte Frauen, nicht alle Frauen

Paulus' Briefe an die Gemeinde in Korinth und an Timotheus, einen Pastor in Ephesus, sind wegweisende Briefe, um mit verschiedenen Problemen umzugehen, die vor allem durch die heidnischen Kulturen dieser Städte entstanden sind. Als persönliche Briefe an *bestimmte* Personen in *bestimmten* Orten beziehen sie sich auf vorangehende

Korrespondenzen und auf eine persönliche Geschichte, von denen es keine zugänglichen Aufzeichnungen gibt. Bibelforscher und Geschichtswissenschaftler versuchen Thesen darüber aufzustellen, was Paulus in diesen Briefen meinte, denn wenn man dies einfach als Norm liest, dann steht das in einem klaren Widerspruch zu dem Rest, den Paulus und Jesus lehrten und praktizierten.

Wir werden mit Paulus' Bemerkung aus 1. Korinther beginnen. Paulus schrieb diesen Brief an die Gemeinde in Korinth, die er ursprünglich gegründet und zwei Jahre lang mit einem Team geleitet hatte, in dem Aquila, Silas, Timotheus und *Priscilla* waren (siehe Apg. 18, 1-5. 11). Ja richtig, eine Frau, Priscilla – die später den Apollos ausbildete und weiterzog, um mit ihrem Ehemann Gemeinden in Ephesus und Rom zu leiten (siehe Apg. 18, 24-26; Röm. 16, 3-5) – war eine von Paulus' Hauptleitern, während er in Korinth war. Wissenschaftler glauben auch, dass eine der Hauskirchen in Korinth von einer Frau namens Chloe geleitet wurde.[24] Am Ende des Römerbriefes erwähnt Paulus noch eine andere weibliche Gemeindeleiterin, die mit der Gemeinde in Korinth verbunden ist, Phoebe, die er als Diakonin oder Pastorin bezeichnet (griechisch *diakonos*) und die er der römischen Gemeinde empfiehlt. Er drängt sie, ihren Dienst in Anspruch zu nehmen.[25]

Das Vorhandensein von weiblichen Gemeindeleiterinnen, die mit Paulus in Korinth und während seines gesamten Dienstes zusammengearbeitet haben (Paulus erwähnt in seinen Briefen mindestens zehn weibliche

---

24 Cunningham, Hamilton, S. 147
25 Siehe Römer 16, 1-2; Cunningham, Hamilton, S. 149-152

Kolleginnen im Dienst[26]), weist darauf hin, dass nichts, was er schrieb, die Absicht hatte, Frauen in Leiterschaft zu verbieten, auch nicht diese lästigen Verse aus 1. Korinther 14:

> *[Es] sollen die Frauen in den Gemeinden schweigen, denn es wird ihnen nicht erlaubt, zu reden, sondern sie sollen sich unterordnen, wie auch das Gesetz sagt. Wenn sie aber etwas lernen wollen, so sollen sie daheim ihre eigenen Männer fragen; denn es ist schändlich für eine Frau, in der Gemeinde zu reden. (1. Kor 14, 34-35)*

Diesen Abschnitt können die meisten Frauen nur mit Mühe lesen.

Und das sollte auch so sein, denn er war *nicht* für die „meisten" Frauen geschrieben.

Er wurde für „ihre" Frauen geschrieben. Für *bestimmte* Frauen in der Gemeinde in Korinth.

Paulus bestätigte damit kein universelles „Redeverbot" aller Frauen in der Gemeinde. Denn in demselben Brief sprach Paulus positiv darüber, dass Frauen in den Gemeindeversammlungen beteten und prophetisch redeten, und das beinhaltet definitiv auch sprechen (siehe 1. Kor. 11, 5).

Paulus sprach hier die Unordnung an, in die offensichtlich bestimmte Frauen involviert waren, die ständig den Mund aufmachten und den Gottesdienst und die Darlegung des Evangeliums unterbrachen (siehe 1. Kor. 14, 23-25). Paulus behandelte nicht die Tatsache, dass sie sprachen, sondern dass sie Ungläubige verwirrten, die

---

26 Cunningham, Hamilton, S. 149

vielleicht an den Treffen teilnahmen, um eine klare Botschaft zu hören.[27]

Viele Gelehrte halten es zudem für sehr wahrscheinlich, dass 1. Korinther 1, 34-35 *nicht einmal Paulus Worte sind.*

Der erste Hinweis dafür ist der Ausdruck: „*...wie auch das Gesetz sagt.*" Dies bezieht sich eindeutig nicht auf das Alte Testament, sondern auf das mündliche jüdische Gesetz, den Talmud. Paulus war, genauso wie Jesus vor ihm, nicht dafür bekannt, dass er den Talmud lehrte. Er war dafür bekannt, dass er zeigte, wie das Evangelium die Traditionen der Menschen durchtrennte und den Alten Bund ersetzte. Er war dafür bekannt, dass er *vehement* betonte, dass wir nicht zurück zum Gesetz gehen durften.

Es wäre sehr ungewöhnlich für Paulus, wenn er dem Vorbild von Jesus so offensichtlich widersprechen würde, der das kulturell übliche, jüdische Verbot, dass Frauen nicht in religiösen Treffen sprechen dürfen, vollkommen ablehnte.

Es wäre sehr ungewöhnlich für Paulus, dass er so offensichtlich dem widersprechen würde, was er nur zwei Verse vorher gesagt hatte: „*Denn ihr könnt einer nach dem anderen alle weissagen...*" (1. Kor. 14, 31).

Stell dir vor, du sitzt in der Schule und hörst, wie der Lehrer verkündet: „He, ich möchte, dass mir *jeder* im Raum erzählt, was er in den Sommerferien erlebt hat.

---

[27] Allison Young, "1 Corinthians 14:34-35," Christians for Biblical Equality International; www.cbeinternational.org/?q=content/1-corinthians-1434-35 (Zugang vom 17. Mai 2012). S. 147

Eine Person nach der anderen. Und außerdem dürfen die Mädchen nicht sprechen."

Ja, das macht keinen Sinn. Es ist sogar verrückt.

Zu glauben, dass Paulus beide Aussagen als verbindliche Autorität aufstellte, würde seine Glaubwürdigkeit untergraben. Dies ist der zweite Hinweis.

Ein dritter Hinweis ist das Vorhandensein eines griechischen Buchstabens (η), den Paulus wiederholt im 1. Korintherbrief verwendete. Wissenschaftler verbinden zwei grundlegende Bedeutungen mit diesem Zeichen. Die erste Bedeutung ist, dass es darauf hinweist, dass Paulus gerade etwas aus einer anderen Quelle zitierte – höchstwahrscheinlich aus dem vorangehenden Brief, den er aus der Gemeinde in Korinth erhalten hatte (auf den in 1. Kor 7, 1 Bezug genommen wird), in dem sie ihre Probleme darlegten und Paulus um Weisung baten.[28]

Falls dies zutrifft, dann beziehen sich diese Verse, dass Frauen in der Gemeinde still sein sollen, eigentlich auf die Richtlinie, die bestimmte Personen in der Gemeinde in Korinth – offensichtlich Judaisierer – eingeführt hatten, um mit störenden Frauen umzugehen. Sie sagten: „Wir wissen, wie man mit diesen Frauen umgeht, die ständig die Treffen stören. Wir werden ganz einfach die alte Regel wieder einführen, dass Frauen in der Synagoge überhaupt nicht sprechen sollen und nur zuhause von ihren Ehemännern etwas lernen."

Die zweite Bedeutung des griechischen Symbols ist, dass es als „Füllwort der Distanzierung" gebraucht wird.[29]

---

28 Cunningham, Hamilton, 190-191. Also see Grady, 62-64

29 Cunningham, Hamilton, S. 190

Wenn es in diesem Sinne verwendet wurde, dann spricht sich Paulus damit scharf *gegen* die Worte aus, die er gerade zitierte. David Hamilton schreibt: „Die beste Entsprechung für (η) im Englischen wäre so etwas wie ‚Was?', oder ‚Quatsch!', oder ‚Nie im Leben!'"[30] Bezeichnenderweise verwendet Paulus dieses Füllwort *zweimal* in 1. Korinther 14, 36 – der einzige Vers, in dem er dies tut. Hier kommt eine mögliche Übersetzung dieses Abschnittes:

> *„[Es] sollen die Frauen in den Gemeinden schweigen, denn es wird ihnen nicht erlaubt, zu reden, sondern sie sollen sich unterordnen, wie auch das Gesetz sagt. Wenn sie aber etwas lernen wollen, so sollen sie daheim ihre eigenen Männer fragen; denn es ist schändlich für eine Frau, in der Gemeinde zu reden."*
>
> *(η) Quatsch! Oder ist das Wort Gottes von euch ausgegangen? Oder (η) was? Ist es zu euch allein gelangt? (1. Kor. 14, 36)*

Paulus *widersprach leidenschaftlich* der auf dem Gesetz basierenden Lösung, die die Korinther bei ihren störenden Frauen anwandten. Er erinnerte sie daran, dass das Evangelium durch Gottes Entscheidung zu allen Menschen gekommen war und sie nicht zurück in das alte patriarchalische System der Kontrolle zurückgehen und bestimmen durften, wer Zugang zur Wahrheit hat und wer nicht.

Wenn wir verstehen, dass Paulus in diesem Abschnitt im Dialog mit den Korinthern ist, dann hören sich diese Verse endlich wieder nach Paulus an. Nun können wir

---

30   Cunningham, Hamilton, S. 190, übersetzt

die Stimme des Apostels erkennen, der wahrhaftig ein Verfechter der Freiheit und Gleichheit ist. Es erlaubt uns, das Herz des ehemaligen Pharisäers zu hören, der dafür kämpft, den Juden und auch den Heiden klarzumachen, dass im Neuen Bund *niemand ausgeschlossen ist*. Die Tatsache, dass wir das, was wir als Worte von Paulus angesehen haben (die es jedoch nicht sind), irrtümlich dazu verwendet haben, um Frauen in der Gemeinde zum Schweigen zu bringen, muss als eine der größten Tragödien in der Geschichte angesehen werden.

Es ist an der Zeit, die wahren Worte von Paulus zu predigen und der Welt zu zeigen, dass Gott wirklich jeden berufen und ausgerüstet hat – Männer und Frauen – um Sein Wort zu verkünden.

Autorität an sich reißen, aber nicht besitzen

Jetzt wollen wir noch einen Blick auf einen der schwierigsten Abschnitte von Paulus über Frauen werfen, der in 1. Timotheus 2, 11-15 steht:

Eine Frau lerne in der Stille in aller Unterordnung. Ich erlaube aber einer Frau nicht zu lehren, auch nicht über den Mann zu herrschen, sondern ich will, dass sie sich in der Stille halte, denn Adam wurde zuerst gebildet, danach Eva; und Adam wurde nicht betrogen, die Frau aber wurde betrogen und fiel in Übertretung. Sie wird aber durch das Kindergebären hindurch gerettet werden, wenn sie bleiben in Glauben und Liebe und Heiligkeit mit Sittsamkeit.

Das Hauptthema, das Paulus in diesem Brief an Timotheus anspricht, sind falsche Lehren, die die Gemeinde in Ephesus infiltriert haben, die teilweise durch bestimmte Frauen entstanden sind (siehe 1. Tim 1, 3-4; 4, 1.7; 5, 13).[31] Bibelwissenschaftler glauben, dass damals gnostische Häresien in der Region im Umlauf waren und die neuen Glaubenden vom reinen Evangelium weglocken wollten.[32] In Ephesus stand zudem der Tempel der Artemis, und viele Menschen unter Timotheus Leitung waren ohne Zweifel aus diesem Kult heraus gerettet worden, doch sie waren immer noch anfällig für dessen Einfluss.

Einige Frauen, wahrscheinlich ungebildete, begannen fremde Doktrinen zu verbreiten – *„...indem sie reden, was sich nicht geziemt."* (1. Tim 5, 13). Sie bezeichneten sich als Lehrer des Gesetzes. Einige verbreiteten sogar den häretischen Glauben, dass Eva vor Adam geschaffen wurde und sie die Welt befreit hätte, weil sie auf die Schlange hörte.[33]

In Vers 12 befahl Paulus, dass diese Frauen ihre Häresien nicht predigen und nicht versuchen dürfen, die Männer zu dominieren, sondern stattdessen schweigen und zuhören sollen. In den Versen 13 und 14 wandte sich Paulus gegen

---

31   Jonathan Welton, Normal Christianity (Shippensburg, PA: Destiny Image 2011), S. 136-139; Gilbert Bilezikian, Beyond Sex Roles (Grand Rapids, MI: Baker, 1986), S. 144-153

32   Welton, S. 132-134; Grady, S. 57

33   Sharon Hodgin Gritz, Paul, Women Teachers and the Mother Goddess at Ephesus: A Study of 1 Timothy 2:9-15 in Light of the Religious and Cultural Milieu of the First Century (University Press of America, 1991), S. 31-41

die Vorstellung, dass Frauen den Männern übergeordnet sind, denn das war es, was diese Frauen lehrten.

Dennoch folgt darauf *nicht,* dass er behauptete, Männer wären den Frauen übergeordnet.[34] Wie wir bereits festgestellt haben, glaubte Paulus, dass weder Mann noch Frau übergeordnet sind, sondern dass alle eins sind in Christus.

Paulus abschließender Kommentar in Vers 15 scheint auf den ersten Blick darauf hinzuweisen, dass Frauen dadurch gerettet werden, dass sie Kinder bekommen, was im offensichtlichen Widerspruch zu dem Evangelium der Errettung aus Glauben steht. Deshalb müssen wir auch hier den geschichtlichen Hintergrund beleuchten. Die Frauen in Ephesus beteten im Allgemeinen zu Artemis, um bei der Geburt gerettet zu werden. Tatsächlich war ein anderer Name für Artemis der Name Soteira. Dieser Name stammt von dem griechischen Wort für Errettung, *soterias,* ab. Aus diesem Grund glauben viele Gelehrte, dass Paulus die Frauen ermahnte, während der Geburt darauf zu vertrauen, dass Christus sie errettet, anstatt auf Artemis zu vertrauen.[35] Gemäß dieser Interpretation konfrontiert der Vers 15, wie die beiden Verse zuvor, synkretistische Tendenzen der Gemeinde in Ephesus, wo die Lehren des Artemis-Kultes dazu führten, dass einige von ihrem Glauben abrückten (siehe 1. Tim. 4, 1).

---

34 Allison Young, "1 Timothy 2:11-15," Christians for Biblical Equality International; www.cbeinternational.org/?q=content/1-timothy-211-15 (Zugang vom 17. Mai 2012)

35 Matt Slick, "1 Tim. 2:15, she, they, and salvation through Child Bearing," Christian Apologetics and Research Ministry; http://carm.org/1-tim-215-she-they-and-salvation-through-child-bearing (Zugang vom 7. Juni 2012)

Das Wort *herrschen* (griechisch *authentein*) in Vers 12 – „Ich erlaube aber einer Frau nicht [...] über den Mann zu herrschen" – wird nirgends sonst in der Bibel verwendet. Meistens wird stattdessen das Wort *exousia* verwendet. *Exousia* spricht von rechtmäßiger oder positiver Autorität, bzw. Vollmacht, während *authentein* nach J. Lee Grady folgendes bedeutet: „Es hat einen forschen und extrem negativen Unterton. Es weist auf eine spezifischere Bedeutung hin als nur ‚Autorität über jemanden zu haben' und kann mit ‚dominieren',‚sich anmaßen' oder ‚Kontrolle übernehmen' übersetzt werden."[36] Die substantivische Form dieses Wortes kann definiert werden als „jemand, der mit seinen eigenen Händen einen anderen oder sich selbst tötet".[37]

Paulus sagte offensichtlich nicht aus, dass Frauen generell keine Autorität haben oder lehren sollten, sondern dass diese speziellen Frauen (oder auch irgendeine andere Person) nicht gewaltsam dominieren und die Autorität an sich reißen dürfen. Diese Sichtweise wird dadurch unterstützt, dass Paulus in seinem zweiten Brief an Timotheus dessen Mutter und Großmutter, Lois und Eunice, ehrt, weil sie ihren Glauben an Timotheus weitergegeben haben (siehe 2. Tim. 1, 5). Timotheus lernte das Evangelium durch Frauen, deshalb ist es zweifelhaft, dass er oder Paulus *allen* Frauen verbieten würden zu lehren,

---

36   Grady, S. 58; übersetzt

37   Welton, 136; Young, "1 Timothy 2:11-15"; Blue Letter Bible, s.v. "Authente" (Strong's Greek #831); www.blueletterbible.org/lang/lexicon/lexicon.cfm?Strongs=G831&t=KJV (Zugang vom 18. Mai 2012)

oder Männern verbieten sollten, unter der Autorität einer lehrenden Frau zu sitzen.

Wie ich sagte, ist diese kurze Einführung in die Arbeit einiger Gelehrten, die sich mit der Interpretation von diesen beiden schwierigen Abschnitten beschäftigt haben, lediglich dies – eine Einführung. Ich vertraue darauf, dass es genug ist, damit du erkennen kannst, dass die Verwendung dieser Verse als Ausschlusskriterien für Frauen in der Leiterschaft und im vollzeitlichen Dienst auf schwachen Füßen steht und unberechtigt ist. Doch traurigerweise scheinen in einem Großteil des Leibes Christi die religiösen Traditionen der Judaisierer immer noch mehr Gewicht im Hinblick auf unseren Glauben über geschlechtsspezifische Autorität zu haben, als die tatsächlichen Beispiele aus dem Leben von Paulus und Jesus.

Einheit erfordert Gleichberechtigung

Vor kurzem las ich die berühmte Geschichte aus der Zeit, als Anne Graham Lotz, die Tochter von Billy Graham, auf einem Pastorentreffen sprach. Als sie begann, nahmen viele der Männer ihre Stühle und wandten ihr den Rücken zu. Obwohl sie Freunde und Unterstützer ihres Vaters waren, lehnten sie es ab, ihrer Lehre zu folgen, weil ihre Traditionen sie lehrten, dass Frauen die Männer in der Gemeinde nicht unterweisen dürfen.[38]

---

38 Maureen D. Eha, "She Will Not Remain Silent," Charisma Magazine (31. Mai 2002); www.charismamag.com/index.php/component/content/article/260-cover-story/5988-she-will-not-remain-silent (Zugang vom 7. Juni 2012); außerdem zu Lesen bei Tami Reed Ledbetter, "'60 Minutes' segment on Anne Graham Lotz muddied SBC stance on women in ministry,"); www.bpnews.net/bpnews.asp?id=11051 (Zugang vom 29. Juni 2012)

Ich glaube nicht, dass Paulus oder irgendein anderer Apostel zugestimmt hätten, dass wir ihre Lehren verwenden, um einen Glauben aufrechtzuerhalten, der diese Art Uneinheit und Entwürdigung in den Leib Christi bringt. Paulus lehrte, dass es das deutlichste Zeichen dafür ist, dass wir unserer Berufung würdig leben und in das Reich Gottes eintreten, wenn wir die *„Einheit des Glaubens"*, bzw. die *„Einheit des Geistes"* zum Ausdruck bringen (Eph. 4, 3.13) Gerade diese Einheit macht es erforderlich, dass jeder frei und stark sein kann und denselben Wert hat.

Aus diesem Grund werden Männer und Frauen niemals wahre Einheit finden, solange Frauen per Definition für „geringer" als Männer angesehen werden.

Viele von uns verstehen, dass Gott Einheit zwischen Männern und Frauen will – besonders in der Ehe. In der Ehe werden zwei zu *einem*. Doch es gibt eine generellere Bedeutung dafür, warum Gott plante, dass Männer und Frauen in Christus eins sind. Die Sünde hatte den ursprünglichen Plan verletzt, und uns zu Konkurrenten anstatt zu Teamkameraden gemacht.

Doch als Jesus am Kreuz starb, nahm Er den ganzen Berg der Entfremdung zwischen Männern und Frauen mit sich und brachte uns am Tag der Versöhnung alle wieder zusammen. Uns *alle*.

Wir sind nun Teil des einen Leibes und dazu berufen, an der perfekten Gemeinschaft, die zwischen Vater, Sohn und Heiligem Geist besteht, teilzuhaben. Das ist der Plan des Himmels.

Wir sehen, wie der Plan des Himmels in Apostelgeschichte 1 deutlich zum Ausdruck kommt, als zum ersten Mal, seit damals im Garten Eden, Männer und Frauen in Einheit zusammenkamen: *„Diese alle verharrten **einmütig** im Gebet, mit einigen **Frauen** und Maria, der Mutter Jesu, und mit seinen Brüdern."* (Apg. 1, 14). Diese Gruppe aus Männern und Frauen schufen „einmütig" eine Einladung an den Himmel. Wir wissen, was als nächstes geschah. Am Tag des Pfingstfestes *„waren sie alle an einem Ort **beisammen**"* (Apg. 2, 1), als der Heilige Geist auf sie kam – auf alle von ihnen – *„und sie wurden **alle** mit Heiligem Geist erfüllt und fingen an, in anderen Sprachen zu reden, wie der Geist ihnen gab auszusprechen."* (Apg. 2, 4).

Der Heilige Geist fiel nicht nur auf die Männer und übersprang die Frauen. Er füllte sie alle! Wie Petrus den Zuschauern erklärte, war diese Ausgießung Gottes Erfüllung von Joel 3, 1-2:

> *Und danach wird es geschehen, dass ich meinen Geist ausgießen werde über alles Fleisch. Und eure Söhne und **eure Töchter** werden weissagen, eure Greise werden Träume haben, eure jungen Männer werden Gesichte sehen. Und selbst über die Knechte und über die **Mägde** werde ich in jenen Tagen meinen Geist ausgießen.*

Dies ist so ein deutlicher Ausdruck für Gottes Absichten mit der Menschheit. Dies ist der Grund, warum ein entscheidendes Kennzeichen für Erweckung ist, dass mit der Ausbreitung des Heiligen Geistes gleichzeitig Spaltungen abnehmen. Geschlechtertrennungen, Rassentrennungen und sozioökonomische Trennungen verschwinden, während alle gemeinsam Gott begegnen. Wenn der Himmel auf der Erde hereinbricht, dann hebt das Wertesystem des Himmels die Vorurteile und Auswirkungen des patriarchalischen Paradigmas auf. Aus diesem Grund führte der schwarze Mann William Seymour die Erweckung in der Azusa Street in den nach Rassen getrennten Vereinigten Staaten an. Aus diesem Grund wurden Frauen wie Maria Woodworth-Etter, Aimee Semple McPherson und Kathryn Kuhlman zu Leiterinnen von Erweckungen in einer Zeit, als Frauen niemals ordiniert und noch nicht einmal für Leitungsaufgaben in Betracht gezogen wurden.

Jesus schenkte uns das Erlösungswerk am Kreuz, um uns alle wieder zusammenzubringen, doch viele von uns können scheinbar nicht aufhören, sich gegenseitig abzusondern. Der Plan des Himmels ist ganz einfach, doch ihn im Leben umzusetzen hat sich als schwierig erwiesen. Hinter uns liegen Jahrhunderte, in denen wir versucht haben, unser Bedürfnis nach Trennung zu rechtfertigen. Es ist Zeit für einen Paradigmenwechsel. Es ist Zeit, dass wir uns ein für alle Mal dafür entscheiden, dass es eine zweite Klasse in der Kirche nicht geben kann.

Ich sage nicht, dass wir die Männer entmachten sollen, um die Frauen zu bevollmächtigen.

Ich sage, dass wir lernen müssen, unsere Vollmacht und unsere Freiheit als Mitglieder eines Leibes miteinander zu teilen.

Dies hat uns Christus vorgelebt und dafür hat Er gebetet. Das hat Paulus gepredigt und danach sehnen wir uns aus tiefstem Herzen als Söhne und Töchter Gottes.

Kapitel fünf

Das Haupt und die Gehilfin

Ein erfolgreicher Geschäftsmann kam eines Tages nach Hause und fand seine Frau in einem Batik-Baumwollkleid vor. Sie sah darin ein bisschen wie ein Blumenkind aus, und sie hatte dieses neue Kleid kürzlich auf einer Reise nach San Francisco gekauft. Ihr Ehemann war eher ein Bauerntrampel als ein Blumenkind, und er wollte keinen „Hippie" in seinem Haus haben. Deshalb befahl er seiner Frau, sie solle das Kleid ausziehen.

„Nein", sagte sie. „Mir gefällt es."

„Zieh es aus oder ich werde es tun", drohte er ihr.

„Das wagst du nicht", sagte sie.

Doch, er würde es wagen – und er tat es. Er packte sie und riss ihr das Kleid herunter. Sie musste gedacht haben, dass sie es nur im Haus tragen würde, denn sie hatte sonst nichts darunter an.

Dann warf der Ehemann sie hinaus, weil er das konnte. Er war größer und stärker. Er war der Mann, und er war der Boss. Die arme Frau musste ins Haus ihrer Nachbarn laufen, damit diese ihr halfen.

Nicht lange danach fand sich der Ehemann in meinem Büro wieder, jedoch nicht, bevor er zuerst einige Zeit im Gefängnis verbracht hatte. Ich arbeitete schon seit etlichen Jahren mit Tätern von häuslichen Gewalttaten. Als Teil eines Resozialisierungsprogrammes konnten sich diese Männer dafür entscheiden, ein Jahr lang je zweieinhalb Stunden in der Woche in der Beratung mit mir zu verbringen, anstatt für ein Jahr ins Gefängnis zu gehen. In etwas mehr als fünf Jahren haben wir ca. 200 Männer durch unser Programm geschleust. In dieser Zeit hörte ich ein paar abscheuliche Geschichten, doch diese übertraf sie alle.

Seine Taten waren ein extremer Ausdruck des patriarchalischen Paradigmas (zumindest im heutigen Amerika – an anderen Orten auf der Welt passieren viel schlimmere Dinge, und sie werden teilweise als kulturelle Norm gesehen). Dennoch zeigen sie die Denkweisen, die viele von uns darüber haben, was es bedeutet, ein Mann zu sein und die Macht über eine Frau zu haben.

Okay, wir würden unsere Frauen vielleicht nicht nackt auf die Straße werfen, doch wenn wir ehrlich sind, dann können viele von uns die innere Furcht davor nachempfinden, dass wir die Kontrolle verlieren: „Wage es nicht, mich herauszufordern! Ich werde es dich büßen lassen, wenn du mich nicht als Mann respektierst." Der Glaube an die Überlegenheit des Mannes nährt unsere Angst vor

Machtlosigkeit und Bedeutungslosigkeit. Sie führt dazu, dass wir um jeden Preis das System schützen müssen, das besagt: „Ich bin groß, du bist klein. Ich bin stark, du bist schwach. Ich bin reich, du bist arm. Pech gehabt." Wenn es um Männer und Frauen geht, oder genauer gesagt um Ehemänner und Ehefrauen, dann denken unsichere Männer gerne, dass nur eine Person in der Beziehung ein Gehirn haben sollte.

Teile eines Körpers

Das patriarchalische Paradigma, das von Furcht und Selbstschutz angetrieben ist, sieht Trennung und Opposition als das Wesensmerkmal von Beziehungen an. Es ist eine „Jeder für sich"-Einstellung. Doch noch einmal, das Reich Gottes bringt Einheit in unsere Beziehungen – *„ihr seid **alle** eins in Christus Jesus"*. Und aus dieser Einheit strömen gegenseitiges Interesse aneinander, Gleichberechtigung und Kooperation. Eine der kraftvollsten biblischen Metaphern für die Realität der Einheit ist das Bild des Leibes Christi: *„So sind wir, die vielen, ein Leib in Christus, einzeln aber Glieder voneinander."* (Röm. 12, 5). Wir alle sind Teile eines Ganzen, die zusammenspielen müssen, um am Leben zu bleiben, auch wenn wir alle unterschiedliche Funktionen haben. Das war Gottes ursprünglicher Plan bei der Schöpfung, und Er hat ihn durch Jesus wiederhergestellt. Wir brauchen keine Angst voreinander zu haben. Wir stehen nicht auf gegnerischen Seiten. Wir sind ein Team, eine Einheit. Wir sind dazu geschaffen, um ohne Angst zusammen zu leben.

Wenn wir lernen wollen, uns als Mitglieder eines einzigen Leibes zu sehen, dann müssen wir lernen, die Menschen wertzuschätzen, die wir von Natur aus nicht wertschätzen würden, weil wir erkennen, dass wir miteinander verbunden sind und einander brauchen. Paulus erklärt:

> *Was wäre das für ein seltsamer Körper, wenn er nur aus einem einzigen Körperteil bestehen würde! Ja, es sind viele Teile, aber nur ein Körper. Das Auge kann nicht zur Hand sagen:* »*Ich brauche dich nicht.*« *Und der Kopf kann nicht zum Fuß sagen:* »*Ich brauche dich nicht.*« *In Wirklichkeit sind oft gerade die scheinbar schwächeren oder unwichtigeren Körperteile besonders notwendig. Und die Körperteile, die wir verstecken möchten, kleiden wir mit umso größerer Sorgfalt. So verbergen wir manche Körperteile besonders sorgfältig vor den Blicken anderer, während andere Körperteile dies nicht nötig haben. Gott hat den Körper so gefügt, dass den benachteiligten Gliedern besondere Ehre zukommt.* (1. Kor 12, 19-24; NL)

Das patriarchalische Paradigma kann nicht überleben, wenn wir uns als einen Teil des Leibes verstehen, weil Einheit die „Jeder für sich"-Einstellung aufweicht. Außerdem stellt sie das alte Stark/Schwach-Wertesystem auf den Kopf. In unserem menschlichen Körper sind die wichtigsten Teile versteckt und scheinbar schwach. Ein Bodybuilder ist beeindruckend stark und seine Muskeln sind für jeden sichtbar, doch seine Muskeln sind nicht seine wichtigsten Körperteile. Er könnte überleben, wenn er diese Muskelmasse verlieren oder sogar gelähmt sein würde. Doch nimm sein Herz heraus, und es sieht ganz anders aus. Es sind die inneren, versteckten Organe, die man als *lebenswichtige Organe* bezeichnet. Und natürlich werden *alle* Organe für einen gesunden Körper benötigt. Wir wählen sie nicht nach Belieben von einem großen Büffet aus. Wenn wir nicht jedes unserer Organe haben, dann sind wir behindert oder irgendwie krank. Genauso ist es, wenn wir nicht allen Teilen des Leibes Christi erlauben, so zu funktionieren wie sie sollten. Das Ergebnis ist, dass die Kirche am Ende ungesund, verkrüppelt oder sogar leblos ist.

Im Reich Gottes ist Schwäche nichts Schlechtes. Wie Jesus dem Paulus erklärt, ist Schwäche sogar genau der Punkt, an dem Gott gerne auftaucht und übernimmt (siehe 2. Kor. 12, 9). Doch im patriarchalischen Paradigma ist Schwäche schlecht. Aus diesem Grund lesen Männer häufig ihre eigenen negativen Assoziationen bezüglich Schwäche in Petrus' Beschreibung der Frauen als „schwächeres Gefäß" hinein:

> *Ihr Männer ebenso, wohnt bei ihnen mit Einsicht als bei einem schwächeren Gefäß, dem weiblichen, und gebt ihnen Ehre als solchen, die auch Miterben der Gnade des Lebens sind, damit eure Gebete nicht verhindert werden!* (1. Petr 3, 7)

Ob du es glaubst oder nicht, Petrus widersprach in Wirklichkeit dem patriarchalischen Paradigma, als er sagte, dass die körperliche Schwäche der Frauen ein Aufruf ist, um sie mehr zu ehren und auf sie zu achten! Und nur für den Fall, dass die Männer ihn nicht verstehen würden, fuhr er fort. Zuerst erinnerte er die Männer daran, dass ihre

Frauen gleichberechtigte Erben der Errettung sind. Dann verkündete er, dass Gott ihre Gebete nicht erhören würde, wenn sie weiterhin diesen patriarchalischen Unsinn ausleben würden. Dies sind deutliche Worte – so deutlich, wie man nur sein kann.

Gott will, dass wir wissen, dass die Kirche verkrüppelt sein wird, wenn einige ihrer Teile fehlen. Er schätzt die Einheit. Für Gott ist es nicht in Ordnung, wenn wir Teile Seines Leibes herabsetzten, die Er doch alle berufen und auf unterschiedliche Weise ausgerüstet hat, um Seinen Geist und Sein Evangelium in die Welt zu bringen. Paulus drückte das so aus: *„Wer bist du, der du den Hausknecht eines anderen richtest? Er steht oder fällt dem eigenen Herrn. Er wird aber aufrecht gehalten werden, denn der Herr vermag ihn aufrecht zu halten."* (Röm. 14, 4). Wer sind wir, dass wir dem Diener eines anderen die Freiheit vorenthalten – oder der Tochter eines anderen? Wir werden alle gebraucht. Wie Paulus sagte: *„Wenn aber alles ein Glied wäre, wo wäre der Leib?"* (1. Kor 12, 19). Paulus und Petrus machten es uns sehr deutlich – nur falls wir versucht sind, uns aufzuplustern und unser eigenes Ding durchzuziehen – denn gemäß der himmlischen Denkweise verdienen die schwächeren Teile größere Ehre.

Gerangel um eine Position

Ich habe einmal ein Paar beraten, das Hilfe im Umgang mit ihrem Sohn brauchte, der ADHS hatte. Das Kind war außer Kontrolle geraten, und in Folge dessen hatte der Vater angefangen, körperliche Disziplinierungsmaßnahmen anzuwenden. Ich versuchte ihnen beizubringen, wie sie gesunde Grenzen durch natürliche Konsequenzen setzen können, anstatt durch körperlichen Missbrauch. An diesem Punkt kam dann heraus, dass auch die Ehefrau körperlich missbraucht worden war. Der Ehemann hielt sie fest und versohlte sie mit seinem Gürtel, wenn sie ihm nicht „gehorchte". Er war das „Haupt im Haus", und als dieses sah er es als seine Aufgabe an, seinen gesamten Haushalt körperlich zu disziplinieren. Es gibt vieles, was man hierzu sagen könnte, doch an dieser Stelle werde ich mich kurz fassen. Dieser Typ hatte die falsche Definition davon, was es heißt, das „Haupt" zu sein.

Die biblische Grundlage für ein Oberhaupt ist das Reich-Gottes-Prinzip, das den schwächeren, versteckten Teilen – inklusive den Frauen und Kindern – größere Ehre zukommen lässt. Es ist sehr wichtig, dass wir verstehen, was Oberhaupt tatsächlich bedeutet, denn wenn wir das nicht tun, dann werden wir 1. Korinther 11,3 als Hierarchie verstehen: *„Ich will aber, dass ihr wisst, dass der Christus das Haupt eines jeden Mannes ist, das Haupt der Frau aber der Mann, des Christus Haupt aber Gott."* In einer Hierarchie wird *Haupt* zu einer Metapher für „am mächtigsten" – der Boss. Wir alle wollen gerne wissen, wer der Boss ist – der Kopf einer Organisation oder Gemeinde oder Familie – damit wir uns selbst in der Kommandokette einordnen können. Und ja, tief in unserem Inneren werden wir zugeben, dass wir selbst gerne das Haupt sein wollen.

Doch diese Interpretation steht im völligen Widerspruch zu der dienenden Leiterschaft, die Christus uns demonstrierte, als Er auf der Erde war. Christus stellte alles auf den Kopf, als Er – der Boss – seinen Status als der Führende ablegte und den Weg nach ganz unten einschlug. Und dies ist die Richtung, in die wir alle gehen müssen, wenn wir Ihm nachfolgen wollen: *„Wenn jemand der Erste sein will, soll er der Letzte von allen und aller Diener sein."* (Markus 9, 35). Das Modell des Himmels ist nicht von oben nach unten, sondern von unten nach oben:

> *„Ihr wisst, dass die, welche als Regenten der Nationen gelten, sie beherrschen und ihre Großen Gewalt gegen sie üben. So aber ist es nicht unter euch; sondern wer unter euch groß werden will, soll euer Diener sein."* (Mk. 10, 42-43).

Jesu Lehre und Beispiel allein sollten schon genügen, um uns wegzubringen von einem patriarchalischen, bzw. hierarchischen Denken. Doch leider haben es viele von uns immer noch nicht begriffen. Wir gehen sogar so weit, dass wir eine Kommandokette innerhalb der Trinität entwerfen. Diese Vorstellung geht zurück ins vierte Jahrhundert, als ein Mann namens Arius von Alexandria zu lehren begann, dass Jesus Gott untergeordnet sei.[39] Doch die rechtgläubige Lehre während der gesamten Kirchengeschichte hat bestätigt, dass Jesus dem Vater in keiner Weise untergeordnet ist. Alle Mitglieder der Dreieinigkeit sind gleichermaßen Gott und besitzen dieselbe Autorität. Aus diesem Grund können wir uns nur schwerlich vor-

---

39   Richard and Danielle Schmidt, "An Emancipation Proclamation: A Biblical Approach to the Role of Women in Leadership" (unpublished paper); "The Athanasian Creed," Creeds of Christendom, with a History and Critical Notes, Volume 1: The History of Creeds; www.ccel.org/ccel/schaff/creeds1.iv.v.html (Zugang vom 22. Mai 2012); sowie Matt Slick, "What is Arianism?" Christian Apologetics and Research Ministry; http://carm.org/arianism (Zugang vom 22. Mai 2012)

stellen, wie der dreieinige Gott mit sich argumentiert, wer der Boss ist: „Ich bin der Vater, also gilt das, was ich sage. Du Sohn, und du Heiliger Geist, ihr müsst eben untereinander ausmachen, wer das Mitglied Nummer zwei ist. Ich bin Nummer eins, und es muss eine Eins, eine Zwei und auch eine Drei, eine Vier usw. geben." Das ist eine groteske Denkweise. So läuft es im Himmel einfach nicht. Die Trinität ist eine perfekte Einheit; die Gottheit braucht nicht um Positionen rangeln.

Wenn also *Haupt* nicht die Spitze der Hierarchie meint, was bedeutet es dann?

Im griechischen Denken war *Haupt* eine Metapher für den Ursprung – wie zum Beispiel den Ursprung eines Flusses. Sie glaubten auch, dass der Kopf die Quelle des Lebens für den Körper war. Deshalb schlägt der Bibelforscher Gilbert Bilezikian in seinem Buch *„Beyond Sex Roles"* vor, dass die korrekte Übersetzung des Wortes *Haupt* in 1. Korinther 11, 3 *Quellkopf* (oder Lebensquelle) sein müsste. Durch eine solche Übersetzung entstehen zwei mögliche Bedeutungsweisen. Die erste Bedeutung ist, dass jedes dieser Paare – Christus als das Haupt des Mannes, der Mann als das Haupt der Frau und Gott als das Haupt von Christus – keine Hierarchie darstellen, sondern uns einen chronologischen Blick auf die Schöpfung und die Geschichte der Erlösung geben. Zuerst kam die Schöpfung des Mannes, als zweites die Erschaffung der Frau, und als drittes die Geburt Christi.[40] Dies liefert eine plausible Erklärung für die beunruhigende Vorstellung,

---

40 Gilbert Bilezikian, Beyond Sex Roles (Grand Rapids, MI: Baker, 1986), S. 137-139

dass Christus Gott untergeordnet sein soll, und es bietet auch Argumente gegen das Denken, dass Frauen den Männern grundsätzlich untergeordnet sind, denn dies widerspricht sehr deutlich der grundlegenden Botschaft des Evangeliums.[41]

Die zweite Bedeutungsweise entspringt aus der Vorstellung, dass das *Haupt* die Verbindung und die Quelle des Lebens für den Leib ist. Paulus hatte in zwei Abschnitten eindeutig diesen Gedanken im Sinn, als er die Metapher *Haupt* verwendete. Der Begriff sollte beschreiben, wie Christus, das Haupt, in Beziehung zu Seinem Leib steht.

> *Lasst uns aber die Wahrheit reden in Liebe und in allem hinwachsen zu ihm, der das Haupt ist, Christus. Aus ihm wird der ganze Leib zusammengefügt und verbunden durch jedes der Unterstützung dienende Gelenk, entsprechend der Wirksamkeit nach dem Maß jedes einzelnen Teils; und so wirkt er das Wachstum des Leibes zu seiner Selbstauferbauung in Liebe. (Eph. 4, 15-16)*

> *Um den Kampfpreis soll euch niemand bringen, der seinen eigenen Willen tut in scheinbarer Demut und Anbetung der Engel, der auf das eingeht, was er in Visionen gesehen hat, grundlos aufgeblasen von der Gesinnung seines Fleisches, und nicht festhält das Haupt, von dem aus der ganze Leib, durch die Gelenke und Bänder unterstützt und zusammengefügt, das Wachstum Gottes wächst. (Kol 2, 18-19)*

---

41   Die Erörterung von Paulus über die Bedeckung des Hauptes aus 1. Korinther 11, 3-16 ist komplex, und eine vollständige Erörterung des Themas sprengt den Rahmen des Buches. Mehr zu diesem Bibeltext findet man in "Discovering Biblical Equality", herausgegeben von Pierce and Groothius, sowie in „Beyond Sex Roles" von Bilezikian.

Die Aufgabe des Hauptes ist eindeutig, den Leib zusammenzuhalten und das richtige Wachstum zu fördern. Es bedeutet *nicht,* die anderen Teile herumzukommandieren.

Die biblische Definition des Oberhauptes widerspricht der Vorstellung nicht, dass das Haupt eine Quelle der Kraft ist. Allerdings widerspricht es ihr vollkommen, dass das Haupt diese Kraft zurückhält und dafür verwendet, um andere zu dominieren oder zu kontrollieren. Eigentlich ist es die Aufgabe des Hauptes, seine Kraft und Vollmacht wegzugeben – um andere zu *bevollmächtigen.* Wenn wir auf rechte Weise mit Christus, unserem Haupt, verbunden sind, dann können wir *alle Dinge* tun (siehe Phil 4, 13). Wir sind durch unsere Beziehung mit Gott zu allem bevollmächtigt. Tatsächlich sagte Jesus sogar, dass wir noch größere Werke als Er tun werden (siehe Joh. 14, 12). Er steht nicht im Wettstreit mit uns, um Seine Überlegenheit zu beweisen. Er gibt uns alles, was Er hat, damit wir weiter und höher kommen. Auf ähnliche Weise ist auch Christus in Gott vollständig bevollmächtigt als Gott. Christus ist die exakte Repräsentation des Vaters (siehe Hebr. 1, 3). Daraus folgt, dass wir dasselbe Prinzip auch auf die Beziehung zwischen Männern und Frauen anwenden müssen. Als Eva aus Adams Rippe genommen wurde, wurde sie zu einer passenden Partnerin geformt (siehe 1. Mose 2, 18). Sie bekam dieselbe Autorität und denselben Auftrag wie ihr Mann. Sie wurde nicht herabgesetzt oder durch ihre Beziehung zu Adam eingeschränkt. Sie wurde in ihrer Partnerschaft in allem bevollmächtigt.

Das Haupt des Hauses

Viele Frauen wurden gelehrt, dass man unter guten, „untergeordneten" Ehefrauen in erster Linie versteht, dass sie keine Meinung haben und ihren Männern erlauben, in allen Entscheidungen das letzte Wort zu haben. Sie interpretieren „zwei werden eins" als „zwei werden er". Diese Lehre basiert im Wesentlichen auf dem Brief des Paulus an die Epheser:

> *Frauen, [ordnet euch] den eigenen Männern als dem Herrn [unter]! Denn der Mann ist das Haupt der Frau, wie auch der Christus das Haupt der Gemeinde ist, er als der Heiland des Leibes. Wie aber die Gemeinde sich dem Christus unterordnet, so auch die Frauen den Männern in allem. Ihr Männer, liebt eure Frauen! wie auch der Christus die Gemeinde geliebt und sich selbst für sie hingegeben hat. (Eph. 5, 22-25)*

Auf den ersten Blick scheint dieser Abschnitt die Frauen zu lehren, dass sie ihren Ehemännern untertan sein sollen, während er die Männer ermahnt, ihre Frauen als die geringeren Partner zu lieben und barmherzig mit ihnen zu sein. Diese hierarchische Interpretation scheint normal und sogar offensichtlich zu sein. Aus diesem Grund haben Menschen auch solche Schwierigkeiten damit. Doch wenn wir den historischen und inhaltlichen Kontext ein bisschen näher studieren, dann hilft uns das sehr, um zu erkennen, wie diese Passage zu dem anti-patriarchalischen Paradigma von Jesus passt.

Unmittelbar im Anschluss an diesen Abschnitt gibt Paulus ähnliche Anweisungen an Kinder, die ihren Eltern gehorchen sollen, und an Sklaven, die ihren Herren gehorchen sollen (siehe Eph. 6, 1-9). In der griechischen und jüdischen Kultur aus der Zeit von Paulus war es eine akzeptierte Tatsache, dass Männer den Frauen übergeordnet waren, Väter den Kindern und Herren ihren Sklaven. Kindern hatten zwar einen gewissen Wert, besonders wenn es männliche Kinder waren, doch es wurde von ihnen erwartet, dass sie ihren Vätern ohne zu murren gehorchten – nicht nur als kleine Kinder, sondern auch als Erwachsene. Frauen und Sklaven waren sogar noch schlechter dran. Sie hatten keine Rechte und waren der Willkür der männlichen Herrschaft in ihrem Umfeld ausgesetzt – Vater, Ehemann oder Herr. In einem sehr realen und absoluten Sinn herrschte der Patriarch. Und das Bestreben eines jeden Mannes war es, die Position des herrschenden Mannes in seiner Familieneinheit zu erreichen, um die Macht zu haben.[42]

Was Paulus über Frauen, Kinder und Sklaven in dieser Kultur schrieb, war absolut befreiend. Es musste eines der schockierendsten Dinge gewesen sein, das seine Zuhörer jemals vernommen hatten. Er legte sich mit den ureigenen Grundlagen seiner Gesellschaft an, als er verkündete, dass Frauen, Kinder und Sklaven einen Wert hatten und dass sie Ehre und Liebe verdienten. Die Tatsache, dass Paulus den Vätern sagte, sie sollen ihre Kinder nicht provozieren, war revolutionär (siehe Eph. 6, 4). Genauso war es, als er den Herren sagte, sie sollen ihren Dienern denselben Respekt

---

42 Gordon D. Fee, "Praying and Prophesying in the Assemblies," Discovering Biblical Equality; Ronald E. Pierce and Rebecca Merrill Groothuis, eds. (Downers Grove, IL: InterVarsity Press Academic, 2005), S. 149

entgegenbringen, den sie von ihnen erwarten (siehe Eph. 6, 5-9). Das Gebot des Paulus, dass Männer ihre Ehefrauen lieben und ihre Leben für sie niederlegen sollten, war schlichtweg radikal (siehe Eph. 5, 25).

Wenn wir den historischen Kontext betrachten, dann war Paulus' Gebot für die Ehemänner, dass sie ihre Frauen lieben sollten, schon überwältigend genug. Doch es ist noch viel überwältigender aufgrund von Paulus' Definition von *Liebe*, und dies – nicht die Unterordnung der Frauen – sollte uns als die größte Herausforderung und das größte Gebot in diesen Versen ins Auge stechen, egal ob wir den historischen Kontext kennen oder nicht. Wenn wir nur im Ansatz verstehen würden, wie so etwas aussieht, nicht davon zu sprechen, wenn wir es praktizieren würden, dann bin ich sicher, dass der gesamte Abschnitt uns nicht länger durcheinanderbringen würde. Ich liebe es, wie die „The Message"-Bibel diese Verse übersetzt:

> *Ehemänner, geht aufs Ganze in eurer Liebe zu euren Frauen, genauso wie Christus das für die Gemeinde tat – eine Liebe, die gekennzeichnet ist vom Geben, nicht vom Empfangen. Die Liebe Christi macht die Gemeinde ganz. Seine Worte rufen ihre Schönheit hervor. Alles, was er tut und sagt, ist dazu gedacht, das Beste aus ihr hervorzuholen, sie in strahlend weißer Seide zu kleiden, leuchtend voller Heiligkeit. Und genauso sollen Ehemänner ihre Frauen lieben. (Eph. 5, 25-28, The Message, übersetzt)*

Paulus sagte im Wesentlichen zu den Männern: „Okay, ihr denkt, dass ihr überlegen seid? Tja, dies hat Jesus (der tatsächlich überlegen *ist*) für uns, seine Untergebenen getan. Er ging uns mit rücksichtsloser Hingabe hinterher.

Er gab alles – sogar Sein Leben – um uns zu retten, um unsere Würde und Freiheit wiederherzustellen und uns wie Könige zu bekleiden. Er kam auf unsere Ebene herab, damit Er uns auf Seine Ebene erheben und uns bevollmächtigen konnte, so dass wir in Ihm unser volles Potential erreichen. Sein einziges Bestreben als unser *Haupt* ist es, dafür zu sorgen, dass wir wachsen, gedeihen und erfolgreich sind. So sieht es aus, wenn man ein Ehemann im Reich Gottes ist."

Und noch einmal, wenn wir das begreifen, dann ist die ganze Sache mit der Unterordnung kein Problem mehr. Ehefrauen, wie viele von euch würden ein Problem damit haben, Liebe zu empfangen und der Leitung eines Mannes zu folgen, dessen einziges Ziel es im Leben ist, sicherzustellen, dass ihr glücklich und heil seid, eure gottgegebenen Träume erfüllt und euer Potential ausschöpft?

Paulus hatte noch mehr zum Thema *Liebe* zu sagen. Ehemänner sollen ihre Frauen so lieben, wie sie ihren eigenen Körper lieben:

> *„So sind auch die Männer schuldig, ihre Frauen zu lieben wie ihre eigenen Leiber. Wer seine Frau liebt, liebt sich selbst. Denn niemand hat jemals sein eigenes Fleisch gehasst, sondern er nährt und pflegt es, wie auch der Christus die Gemeinde." (Eph. 5, 28-29).*

In einer Kultur, in der Frauen als Eigentum betrachtet wurden, war es ein einschneidender Wandel, wenn man einem Mann sagte, er solle seine Frau wie seinen Körper lieben. Wenn wir diese Verse nicht auf dem Hintergrund der Befreiung der Frauen lesen, dann könnte man denken:

Mist, Liebling, du wurdest als Frau geboren; das ist hart. Doch Paulus sagte das genaue Gegenteil aus. Er erhob die Frauen in der Ehe in denselben Status wie ihre Männer und ehrte sie als wirklich wertvolle Wesen. Er tat dasselbe in 1. Korinther 7, 4, wo steht:

> *„Die Frau verfügt nicht über ihren eigenen Leib, sondern der Mann; ebenso aber verfügt auch der Mann nicht über seinen eigenen Leib, sondern die Frau."*

Der Gedanke, dass eine Frau Macht über den Körper ihres Ehemanns hatte, stand erneut im krassen Gegensatz zu der Kultur des ersten Jahrhunderts. Er fließt unmittelbar in Paulus' Verständnis von der christlichen Ehe als einer gleichberechtigten Partnerschaft ein. Er ist in völliger Übereinstimmung mit der Lehre Christi, dass die Ehe eine unauflösliche, wechselseitige Beziehung zwischen zwei gleichermaßen wertvollen Menschen ist.

> *Habt ihr nicht gelesen, dass der, welcher sie schuf, sie von Anfang an als Mann und Frau schuf und sprach: „Darum wird ein Mensch Vater und Mutter verlassen und seiner Frau anhängen, und es werden die zwei ein Fleisch sein", - so dass sie nicht mehr zwei sind, sondern ein Fleisch? Was nun Gott zusammengefügt hat, soll der Mensch nicht scheiden. (Mt. 19, 4-6)*

In Gottes Version von der Ehe gehört der Mann zur Frau, genauso wie die Frau zum Mann gehört, *weil sie ein Fleisch sind.* Der Mann liebt sich selbst, indem er seine Frau liebt, und die Frau liebt sich selbst, indem sie ihren Mann liebt, *weil sie ein Fleisch sind.*

DAS HAUPT UND DIE GEHILFIN

Das Geheimnis der Ehe, sagt Paulus, spiegelt das Geheimnis der Vereinigung zu „einem Fleisch" zwischen Christus und uns wider: *„Denn niemand hat jemals sein eigenes Fleisch gehasst, sondern er nährt und pflegt es, wie auch der Christus die Gemeinde. Denn wir sind Glieder seines Leibes."* (Eph. 5, 29-30). Paulus verwendet eine Bundessprache, um die Realität dieses Bundes zu beschreiben. Christus, unser Bräutigam, liebt uns so, wie Er sich selbst liebt. Er hat uns in den Status eines gleichberechtigten, ewigen Bundespartners erhoben. Wir sind die Braut Christi. Es gibt keine höhere Position für die Menschheit und keine größere Liebe im Universum als die Liebe unseres Bräutigams – unseres Hauptes – zu uns. Und unsere Ehen sollten diesem Muster folgen.

Jeder Mann muss dafür kämpfen, dass die Liebe den Kampf in seinem Herzen gewinnt, damit er ein wahres, christusähnliches Haupt für seine Frau und seine Familie sein kann. Als ich mein ältestes Kind, meine Tochter Brittney, direkt nach ihrer Geburt zu Gesicht bekam, war ich überwältigt davon, wie winzig sie war. Ich spürte einen Schmerz in meinem Innersten, der sich, wenn ich es in Worte fassen will, vielleicht so anfühlte: „Ich fürchte mich so sehr vor dir! Ich fühle mich so verletzlich, so unausgerüstet. Doch ich kann mich auch nicht daran erinnern, dass ich jemals zuvor so viel Liebe gespürt habe. Ich werde alles für dich tun!" Obwohl ich voller Angst war durch meine Gefühle der Machtlosigkeit und aufgrund der vielen Möglichkeiten, wie ich dieses kleine Kind in Zukunft verletzen könnte, musste ich sie dennoch einfach lieben. Heute, da Brittney eine erwachsene Frau ist, treibt mich meine Liebe zu ihr immer noch dazu an, alles zu tun, was in meiner Macht steht, um sie in meiner Umgebung zu bevollmächtigen. Dies macht die Liebe in uns – wenn wir sie zulassen werden.

Okay, wenn wir nun also verstehen, was Paulus meinte, als er den Ehemännern sagte, dass sie ihre Frauen lieben sollen, was machen wir dann mit dem Gebot, dass sich die Ehefrauen ihren Männern unterordnen sollen? Lass mich zuerst eines klarstellen, dass der Ehemann auf keinen Fall in einen Konkurrenzkampf mit Gott treten soll. Das wäre Götzendienst.[43] Stattdessen soll sich die Frau auf eine ähnliche Weise ihrem Ehemann unterordnen, wie sie dies auch gegenüber Gott tut.[44] Im Neuen Bund entsteht unsere Hingabe an den Herrn aus Liebe, nicht aus Furcht. Unsere Antwort auf Seine dienende Liebe ist gegenseitige dienende Liebe – nicht nur gegenüber Ihm, sondern auch in all unseren Beziehungen miteinander, genauso wie Er es befohlen hat: *„Dies ist mein Gebot, dass ihr einander liebt, wie ich euch geliebt habe."* (Joh. 15, 12). Aus diesem Grund hat Paulus zuerst die gegenseitige Unterordnung zwischen allen Glaubenden angeordnet (siehe Eph. 5, 21), und dann besonders die Beziehungen zwischen Ehefrauen und Ehemännern, Kindern und Eltern sowie Herren und Dienern hervorgehoben. All diese Beziehungen sollen gegenseitige Liebe und Unterordnung zum Ausdruck bringen – freiwillige Dienstbereitschaft. Wenn sich also die Frau unter-

---

43   I. Howard Marshall, "Mutual Love and Submission in Marriage," Discovering Biblical Equality, Ronald E. Pierce and Rebecca Merrill Groothuis, eds. (Downers Grove, IL: InterVarsity Press Academic, 2005), S. 187-190

44   Bilezikian, S. 165-166

ordnet, dann tut sie das in Folge von Liebe – nicht in Folge von Furcht.

Unterordnung aus Furcht – die eingefordert wird, anstatt ein Zeichen von freiwilliger Dienstbereitschaft zu sein – wird niemals zu Intimität oder zu einer Herzensverbindung führen. Ich kenne ein Paar, das einige sehr ernste Eheprobleme hatte, weil der Ehemann immer dann, wenn er Sex wollte, sagte: „Es ist Zeit, dass du deinen Dienst an deinem Mann tust." Die Frau fühlte sich so gedemütigt und degradiert durch seine Schlussfolgerung, dass es ihre Pflicht wäre, einen Sexualdienst zu erbringen, weil sie seine Frau war. Kein Wunder, dass es in ihrer Ehe keine Intimität oder Zuneigung gab, sondern nur Schmerz und Entfremdung. Wenn ihr Ehemann sich ihr mit Liebe, anstatt mit Forderungen genähert hätte, dann hätte er eine Möglichkeit für seine Frau geschaffen, freiwillig auf seine Liebe zu reagieren, und ihre Ehe (und ihre Sexualleben) wären sehr viel glücklicher und gesünder gewesen.

Die Wahrheit ist, dass Unterordnung aus Angst – eingeforderte Unterordnung – ein Widerspruch in sich ist. *Unterordnung* hat sich verwandelt in *Unterwerfung*. Wir haben den Kern der biblischen Unterordnung verloren, weil sie von ängstlichen Menschen eingefordert und nicht angeboten wurde. Doch wir müssen diesem Wort seine ursprüngliche Bedeutung zurückgeben, denn es ist ein sehr wichtiges Wort. Es beinhaltet einen wesentlichen Teil des christlichen Lebens – für alle von uns. Wir sind aufgerufen, uns *einander* und *Christus gegenüber* unterzuordnen. Doch das bedeutet nicht, dass wir gehorchen, um nicht bestraft zu werden, oder dass der große, gelbe Kipplaster den kleinen roten Pickup plattdrückt.⁴⁵ Das griechische Wort für „Unterordnung", *hypotasso,* „...war ein griechischer Begriff aus dem Militär, der bedeutete, [die Truppen] auf eine militärische Weise unter dem Befehl eines Leiters anzuordnen'. Im nicht-militärischen Gebrauch wurde es als ‚eine freiwillige Haltung des Einlenken, Kooperierens, des Anerkennens von Verantwortlichkeiten und des Tragens einer Last' verstanden."⁴⁶ Als Paulus sagte: „*Ordnet euch einander unter in der Furcht Christi*" (Eph. 5, 21), dann sagte er damit: „Wir alle folgen demselben Leiter, und Er will, dass wir unser Leben so anordnen, dass wir freiwillig im Takt miteinander laufen. Es soll kein Abwandern mehr geben, oder das jemand das eigene Ding durchzieht. Wir sind in dieser Sache *gemeinsam*, und wir müssen darauf achten, dass kein Mann, keine Frau und kein Kind zurückgelassen wird."

Wahre *Unterordnung* ist eine kraftvolle Dynamik in Beziehungen, durch die wir in der Lage sind, Verknüpfung und Anbindung zu priorisieren. Wenn wir uns unterordnen, dann bemühen wir uns intensiv darum, dass unsere Beziehung geschützt ist, und wir vermeiden Handlungen, die sie verletzen. Wir bleiben offen für den Einfluss des anderen, indem wir auf die Gedanken, Bedürfnisse und Gefühle des anderen achten, um eine beständige Harmonie in unseren Herzen aufrechterhalten zu können.

---

45   Weitere Erklärungen zu der Metapher von dem gelben Laster und dem roten Pickup findest du in meinem Buch „Erziehung mit Liebe und Vision" (GloryWorld-Medien; Auflage: 2 (30. Mai 2012)), S. 54-56 der engl. Ausgabe

46   Blue Letter Bible, s.v. "hypotasso" (Strong's Greek #5293) http://www.blueletterbible.org/lang/lexicon/lexicon.cfm?Strongs=G5293&t=KJV (Zugang vom 19.09.2012); übersetzt

Dieses Verständnis von Unterordnung geht auf wunderbare Weise mit dem Verständnis einher, dass es bei dem wahren Hauptsein darum geht, sich um den Leib zu kümmern und darauf zu achten, dass jeder Teil die angemessene Aufmerksamkeit und Ehre erhält, damit sie gut zusammenarbeiten können (siehe 1.Kor. 12, 19-27). Wenn ein Teil des physischen Leibes gebrochen ist oder leidet, dann bewegt sich der Kopf nicht einfach weiter. Er kann es nicht. Er ist mit dem Körper verbunden und er leidet, wenn der Körper leidet. Daraus folgt, dass es die Rolle eines Mannes als Haupt seiner Familie ist, die Ehre und Gesundheit der Familienmitglieder zu verwalten. Er ist der Garant dafür, dass seine Frau und seine Kinder um ihn herum und in der Gesellschaft kraftvoll und frei leben können.

Eine Gehilfin finden

Wir müssen nun noch ein letztes Wort untersuchen: *Gehilfin*. Wir haben *Gehilfin* als „Dienerin" oder „Assistentin" definiert, weil wir es durch die patriarchalische Brille angesehen haben. Doch dies war nicht alles, was Gott meinte, als Er sagte: *„Es ist nicht gut, dass der Mensch allein sei; ich will ihm eine Hilfe machen, die ihm entspricht."* (1. Mose 2, 18). Das hier übersetzte Wort „entspricht" bedeutet wörtlich „vergleichbar mit"[47], gleichwertig und ergänzend.

---

47 NASB notes for Genesis 2: 18; www.biblegateway.com/passage/?search=gen%202:18&version=NASB (Zugang vom 23.Mai 2012).

Keines der Tiere konnte Adams Einsamkeit aufheben, weil sie nicht zu ihm passten – sie waren nicht seinesgleichen. Gott schuf Adam nach Seinem Abbild. Er war geschaffen, um eine intime Beziehung mit jemandem zu haben, der ein untrennbarer Teil von ihm war – der die perfekte Einheit der Trinität widerspiegelte. Eva wurde aus Adams Rippe erschaffen als fehlendes Teil in diesem Bild, das *einzige* perfekte Gegenstück für Adam. Gemeinsam repräsentierten sie und Adam das Bild von Gott: *„Und Gott schuf den Menschen nach seinem Bild, nach dem Bild Gottes schuf er ihn; als Mann und Frau schuf er sie."* (1. Mose 1, 27).

Wenn wir Adam und Eva als gemeinsames Spiegelbild von Gott ansehen, dann verstehen wir, dass *Gehilfin* nicht bedeuten kann: „He Adam, hier ist deine Haushälterin und „Bettflasche." Hier ist jemand, den du herumschubsen kannst, wenn du einen schlechten Tag hattest." Ich glaube, dass Gott eher so etwas Ähnliches meinte wie: „He Adam, hier ist deine andere Hälfte, die perfekt zu dir passt. Sie wird es dir ermöglichen, die Beziehung und Intimität zu erleben, für die ich dich geschaffen habe. Und als Zugabe ist sie auch noch besonders hilfreich, was gut ist, denn du wirst es brauchen!"

Jesus sagte etwas ähnliches, als Er Seinen Jüngern einen Helfer versprach – den Heiligen Geist. Er sagte ihnen nicht, dass der Heilige Geist ihr übernatürlicher Hotelpage wäre oder jemand, den sie herumkommandieren konnten. Vielmehr versprach Jesus Seinen Jüngern: „Ich werde euch Einen hinterlassen, der an eurer Seite ist, der euch erinnert und überführt. Ich werde euch einen Fürbitter, Tröster, Anwalt, Lehrer und Berater senden. Ich werde euch einen

Helfer hinterlassen." (siehe Joh. 14, 16.26; 15, 26). Und nicht nur das, Jesus nannte diesen Helfer den „Geist der Wahrheit" und implizierte damit, dass es besser ist, den Helfer um sich zu haben als den fleischgewordenen Jesus (siehe Joh. 15, 26; 16, 17). Dies bedeutet, dass der Helfer ziemlich wichtig ist.

Das hebräische Substantiv, das als „Hilfe" oder „Helfer" übersetzt wird, heißt *ezer*, und es wird einundzwanzig Mal im Alten Testament verwendet. Davon wird es zweimal verwendet, um Eva zu beschreiben, dreimal, um militärische Hilfe zu beschreiben und die restlichen Male, um Gott zu beschreiben.[48] Die Verbform *azar* wird darüber hinaus noch achtzig Mal verwendet, oft als Beschreibung von Gott.[49] Gott stellte Eva auf eine ziemlich hohe Ebene, als Er von ihr als Adams Gehilfin sprach, weil Er sich selbst als Helfer der Menschheit bezeichnete.

Der Dienst der Versöhnung

Wir müssen uns mit der Tatsache auseinandersetzen, dass *Gehilfin* in keiner Weise mit *minderwertig* gleichzusetzen ist. Ein Helfer ist jemand, der etwas Lebenswichtiges und Unersetzbares bietet – etwas, dass wir nicht selbst haben und deshalb dringend brauchen. Auf den Punkt gebracht sage ich damit, dass ich glaube, dass die Rolle der Gehilfin

---

[48] Blue Letter Bible, s.v. "Ezer" (Strong's Hebrew #5828); www.blueletterbible.org/lang/lexicon/lexicon.cfm?Strongs=H5828&t=NASB (Zugang vom 23. Mai 2012)

[49] Blue Letter Bible, s.v. "Azar" (Strong's Hebrew #5826) www.blueletterbible.org/lang/ lexicon/lexicon.cfm?Strongs=H5828&t=NASB (Zugang vom 23. Mai 2012)

mit der Versöhnung verbunden ist. Wir erkennen dies am Werk des Heiligen Geistes in uns, wenn wir errettet werden. Als der große Helfer versöhnt Er uns mit Gott, und dann übergibt Er uns den Dienst der Versöhnung von anderen:

> *Wenn also jemand in Christus ist, dann ist er eine neue Schöpfung: Das Alte ist vergangen, Neues ist geworden. Aber das alles kommt von Gott, der uns durch Christus mit sich versöhnt und uns den Dienst der Versöhnung aufgetragen hat. (2. Kor 5, 17-18, EÜ)*

Innerhalb des Leibes Christi werden Helfer berufen, um uns in unseren Unterschiedlichkeiten zu vereinen. Durch die gesamte Kirchengeschichte hindurch haben wir es nicht besonders gut verstanden, Einheit zu schaffen, und ich glaube, ein wesentlicher Grund dafür ist, dass wir die Frauen unterdrückt haben. Frauen, unsere Gehilfinnen, sind als Versöhnerinnen und im Aufbau von Beziehungen besonders begabt. Die jüngere Geschichte von Ruanda illustriert diesen Punkt. Nach dem Völkermord von 1994, bei dem 800.000 Menschen in nur 100 Tagen brutal getötet wurden, gab es in Ruanda eine deutliche weibliche Mehrheit in der Bevölkerung. Der Völkermord war hauptsächlich von Männern geplant und durchgeführt worden, und eine große Anzahl derer, die getötet wurden oder später für ihre Verbrechen im Gefängnis landeten, waren Männern. Als sich die Lage im Land wieder zu normalisieren begann, standen die Frauen als Leiterinnen der Versöhnung und des Friedens an vorderster Front. Obwohl Ruanda weiterhin eine sehr patriarchalische Gesellschaft bleibt, erzwangen die geschichtlichen Tatsachen eine Veränderung. Sie gaben den Frauen eine einzigartige Möglichkeit, die Stärke der Weiblichkeit zu demonstrieren. Heute sind 42 Prozent der Regierungssitze in Ruanda von Frauen besetzt. (In der Regierung der Vereinigten Staaten gibt es nur 16 Prozent Frauen.) Und sie waren zum Großteil für das Maß der Heilung verantwortlich, das in Ruanda in den letzten zwei Jahrzehnten möglich war.[50]

Die versöhnende und friedenstiftende Rolle des Helfers ist sehr wichtig für die Gesundheit unserer Gesellschaft. Es ist an der Zeit, dass wir Männer aufhören, unser „Haupt-Sein" als Blankoscheck zu verwenden, und anfangen, Jesus zu imitieren, unser wahres Haupt, indem wir lebensspendende, dienende Leiter werden, die hinter und unter ihren Frauen stehen, um sie zu fördern, während sie diese lebenswichtige Rolle übernehmen.

---

50 Dee Dee Myers, Why Women Should Rule the World (New York: Harper, 2008), S. 107-110

Kapitel sechs

DIE GABEN DER FRAUEN

*V*or einigen Jahren besuchten Kris Vallotton und ich eine Gemeinde in Südamerika, um mit den Männern über Frauen in Leiterschaft zu sprechen. Bei einer früheren Reise in diese Gemeinde hatte Kris eine Diskussion über dieses Thema begonnen, und naja, sagen wir mal, das Gespräch lief *nicht* besonders gut. Dieses Land ist fest in patriarchalischer Hand. Die Decke über den Köpfen der Frauen besteht nicht aus Glas, sondern aus Granit. Frauen haben nur wenig Macht oder Einfluss, sowohl in der Kirche als auch sonst in dem Land, und sie waren selbstverständlich *nicht* in die Leitung dieser Gemeinde involviert. Deshalb war es nicht besonders überraschend, dass die Leiter sehr heftig auf Kris' Gedanken zu Frauen reagierten. „Du widersprichst dem, was die Bibel lehrt!" protestierten sie.

Auf dieser zweiten Reise hatten Kris und ich das Ziel, ihnen die Wichtigkeit der Bevollmächtigung von Frauen darzulegen. Am Ende erklärte er es ihnen auf eine Weise, die meines Erachtens ein Wort der Weisheit vom Himmel war. „In einer Familie mit einem Alleinerziehenden", zeigte er auf, „fehlt ein Element – entweder der Vater oder die Mutter. Wenn die Mutter fehlt, dann ist der Vater gezwungen, den Versuch zu unternehmen, sowohl Mutter *und* Vater für seine Kinder zu sein, doch wenn er versucht, in die Rolle der Mutter zu schlüpfen, dann gefährdet er seine Fähigkeit, die Person zu sein, die er als Vater eigentlich sein sollte. Damit eine Familie vollständig ist, müssen sowohl eine Mutter als auch ein Vater anwesend sein und ihre Rolle ausfüllen."

„Die Kirche ist wie eine mutterlose Familie gewesen", fuhr Kris fort. „Der Vater – der männliche Leiter – hat wirklich versucht, sowohl Mutter als auch Vater zu sein, doch er ist nicht dafür geschaffen, dies zu tun. Aus diesem Grund waren die männlichen Leiter in der Gemeinde nie wirklich in der Lage, der Vater – der Mann – in der Kirche zu sein, weil sie gleichzeitig versuchten, die Mutter zu sein."

Es war still im Raum. Als er erkannte, dass er offensichtlich die Aufmerksamkeit dieser Pastoren gewonnen hatte, setzte Kris zu seinem abschließenden Punkt an: „Die Bevollmächtigung von Frauen setzt Männer frei, in ihre Bestimmung und Identität zu kommen. Wenn Männer nicht länger – erfolglos – versuchen, beide Rollen auszufüllen, dann werden sie freigesetzt, um die Personen zu sein, zu denen Gott sie geschaffen hat. Gemeinsam – wenn die Männer als Männer handeln und die Frauen als Frauen – können sie daran arbeiten, eine Familie zu schaffen."

Kris hatte den Nagel auf den Kopf getroffen. Die Leiter der Gemeinde weinten Tränen der Buße und der Freude über diese Vision der Gemeindefamilie, die in Ganzheit und Einheit funktioniert.

Diese Vision und dieses Ziel sind meine Leidenschaft. Ich will nichts mehr, als die Frauen zu bevollmächtigen, und indem ich das tue, bevollmächtige ich auch die Männer. Warum? Weil die Kirche dann so aussehen wird, wie Jesus es geplant hatte – eine vollständige, gesunde, wunderschöne Braut mit all den Mitgliedern, die das erfüllende, vollmächtige Leben führen, zu dem sie geschaffen wurden und das sie leben sollten.

Partnerschaft auf der unteren Ebene – nicht nur ein Mann an der Spitze

Wie ich bereits in meinem Buch *Kultur der Ehre* erörtert habe, glaube ich, dass eine apostolische Reformation im Leib Christi stattfindet. Seit langer Zeit laufen wir mit einer aus Pastoren und Lehrern bestehenden Leiterschaft herum. Das bedeutet, dass wir in der Regel eine Hierarchie mit einem oder vielleicht einer Hand voll starken Menschen an der Spitze haben, und alle anderen arbeiten, um diese vollmächtigen Menschen glücklich zu machen.[51] Dies ist nicht Gottes Plan. Sein Plan sind die Apostel und Propheten als Fundament, mit Jesus als dem Eckstein (siehe Eph. 2, 20) – ein Bild, das große Ähnlichkeit mit dem griechischen Bild vom *Haupt* als dem

---

51 Mehr darüber findet sich in meinem Buch "Kultur der Ehre", GrainPress Verlag; Auflage: 2., Auflage (4. Mai 2012)

Versorger und der Stütze hat. Eine apostolische Führung, wie Christus sie vorgelebt und gelehrt hat, ist am Fuß der Pyramide angesiedelt. Sie unterstützt, rüstet aus und bevollmächtigt. Ein Mann reicht niemals aus für diese Aufgabe. Nur ein Team mit unterschiedlichen Gaben wird dies tun können – aus diesem Grund gibt uns Paulus in Epheser 4 und 1. Korinther 12 seine Liste von Aposteln, Propheten, Lehrern, Pastoren, und so weiter. Apostolische Leiter haben eine gottgegebene Fähigkeit, Teammitglieder mit sehr unterschiedlichen Gaben und Aufgaben miteinander zu vereinen, um der gemeinsamen Mission zu dienen. Und diese Mission ist es, den Plan des Himmels zu erkennen, um das Reich Gottes auf der Erde zu etablieren. In einer apostolischen Kultur erleben mehr und mehr Menschen die Freiheit, dass sie „etwas bewegen" können, weil sie durch die apostolische Leiterschaft ausgerüstet, bevollmächtigt und anschließend mit Kraft und Reich-Gottes-Strategien in ihren Einflussbereich *ausgesendet* werden („Apostel" bedeutet „der Sendende").

Das Bild eines Teams mit einzigartigen, aber elementaren Aufgaben passt perfekt zu dem Bild von den einzelnen Gläubigen als einzigartige und gleichberechtigte, lebenswichtige Mitglieder des Leibes Christi. Doch ich denke, wir können zu diesem Bild von einer apostolischen Führung noch eine weitere Dimension hinzufügen, wenn wir verstehen, dass die Gemeinde einerseits zwar ein Leib ist, gleichzeitig aber auch eine Familie. Für sie gelten dieselben Prinzipien und Merkmale, die Gott ursprünglich für die menschliche Familie im Garten Eden geplant hatte. Adam und Eva bekamen als Mutter und Vater der Menschheit die gleiche Autorität und Verantwortung. Der Patriarch war niemals ohne eine Matriarchin an seiner Seite gedacht, die die Familie mitleitete. Sie waren Partner. Jeder brachte seine einzigartigen, aber gleichwertigen Perspektiven und Gaben ein, um ihre Kinder zu versorgen und aufzuziehen.

Das Bild der „Team"-Leitung ist ein Spiegelbild für die Dreieinigkeit. Eine Familie – ein Rat aus gleichberechtigten Personen, die leben, um einander zu ehren – regiert über das Universum, nicht ein von oben herab herrschender, einsamer Gott. Die Liebe und Partnerschaft in der Dreieinigkeit ist ein großes Geheimnis, doch wir können genug davon erkennen, um zu wissen, dass wir, wenn wir wirklich versuchen, es im Leib Christi zu imitieren, nicht nur einen Mann an der Spitze haben werden. Wir werden ein Team haben – ein Team, das aus Menschen besteht, die von Gott eingesetzt sind und eine gottgegebene Berufung zum Dienst und die entsprechenden Gaben haben. Dieses Team wird auch ein ausgewogenes Verhältnis der Geschlechter haben und so auf effektive Weise sowohl das Mütterliche als auch das Väterliche in den Leib hineinbringen.

Wände hochziehen

Um sich auf ein solches apostolisches, familienorientiertes Leitungsmodell zuzubewegen, brauchen wir eine erneuerte Sichtweise der Geschlechter, die vom Himmel kommt; eine Sichtweise, die auf der einen Seite blind gegenüber den Geschlechtern ist, doch auf der anderen Seite sehr genau die geschlechtsspezifischen Unterschiede wahrnimmt und schätzt.

Malcolm Gladwell benutzt ein wunderschönes Bild für den Wert der Blindheit gegenüber den Geschlechtern – eine Art Blindheit, die wir meines Erachtens in der Gemeinde brauchen, wenn es darum geht, diejenigen zu erkennen, die Gott als Leiter berufen hat. In seinem Buch „*Blink*" zieht er die Aufmerksamkeit seiner Leser auf die Welt der klassischen Musik, eine Welt, in der „im Verlauf der letzten paar Jahrzehnte ... eine Revolution stattgefunden hat."[52] Diese Revolution begann in den 60er und 70er Jahren, als die Orchestermusiker forderten, dass der Anstellungsprozess besser geregelt werde und auf Gleichheit beruhen sollte. Als Folge davon begannen einige Orchester ein „blindes" Vorspielen abzuhalten, in dem die Musiker hinter einer Wand vorspielten, um alle optischen Ablenkungen auszublenden. Als diese blinden Probeaufnahmen zum Standard wurden, „„...geschah etwas Außerordentliches: Die Orchester begannen Frauen einzustellen. In den vergangenen dreißig Jahren ... hat sich die Zahl der Frauen in amerikanischen Weltklasse-Orchestern um das Fünffache erhöht."[53] Die Wände enthüllten den Machthabern in der Welt der klassischen Musik eine Tatsache, die ihnen seit Jahrhunderten nicht bewusst war – die Tatsache, dass das, *was sie hörten, vollständig und hoffnungslos von dem beeinflusst ist, was sie sahen.* Als sie die Frauen beim Vorspielen nicht sehen konnten, hörten sie diese endlich.[54]

---

52 Malcolm Gladwell, Blink (New York, NY: Hachette Book Group, 2005), S. 249, übersetzt

53 Gladwell, S. 250; übersetzt

54 Gladwell, S. 248-249

Blindheit gegenüber dem Geschlecht kann in bestimmten, kritischen Momenten sehr leicht erreicht werden – indem man z.B. einfach eine Wand hochzieht – doch über einen längeren Zeitraum hinweg ist sie nur schwer aufrecht zu erhalten. Dies zeigt der Fall der Posaunenbläserin Abbie Conant. Obwohl Conant eine Arbeitsstelle bei den Münchner Philharmonikern erhielt, nachdem sie hinter einer Wand vorgespielt hatte, musste sie am Ende sehr lange dafür kämpfen, um sie zu behalten. Sie wurde degradiert und gezwungen, verschiedene medizinische Tests über sich ergehen lassen, um zu zeigen, dass sie körperlich fit war (worin sie vorbildlich war). Sie musste vor einem Posaunenmeister vorspielen (der ihr phantastische Rezensionen gab) und dann, nachdem sie ihren ersten Stuhl wiedergewonnen hatte, musste sie um die gleiche Bezahlung wie ihre Kollegen kämpfen.[55]

Angesichts dessen, was schon immer gewesen ist, ist es schwer, an diesen unvoreingenommenen Momenten festzuhalten, in denen wir zeigen, was sein könnte – besonders wenn das angestrebte nicht sofort attraktiv erscheint. Wenn es unsere Position bedroht, uns schlecht aussehen lässt oder einige tiefsitzende Empfindungen über das, was „natürlich" ist, angreift (z.B., dass Frauen einfach nicht gebaut sind, um ein großes Blechinstrument zu spielen ... oder Pastorinnen einer Gemeinde zu sein), dann werden wir uns der Wahrheit in diesen Momenten widersetzen. Doch Wahrheit bleibt Wahrheit, und an einem gewissen Punkt müssen wir erkennen, dass wir ziemlich blöd aussehen werden, wenn wir weiterhin an einem alten, mangelhaften

---

55 Gladwell, S. 247-248

Wertesystem festhalten, nachdem wir es als das erkannt haben, was es eigentlich ist.

Es gibt zwei große Anreize, die uns dazu bringen sollten, eine geschlechtsneutrale Haltung einzunehmen, wenn wir Gemeindeleiter entwickeln, anstellen und befördern. Nummer eins: *Es ist die richtige Haltung.* Die Qualifikationen eines Gemeindeleiters sind nicht durch das Geschlecht definiert. Ein Gemeindeleiter wird durch Charakter, Begabung und Berufung definiert. Das letzte Mal, als ich das untersuchte, hat Gott immer noch Männer *und* Frauen befähigt und berufen, um zu predigen, zu lehren, zu verwalten, zu beraten, zu beten, mit einem reinen Charakter zu leben, Teams aufzubauen und jede andere Aufgabe zu erfüllen, die ein Gemeindeleiter tun muss – auch in den Spitzenpositionen. Heidi Baker ist ein perfektes Beispiel für eine Frau, die Gott dazu berufen hat, eine apostolische Leiterin zu sein. Gott sandte sie nach Afrika, doch das bedeutet nicht, dass Er nicht andere weibliche Apostel heranzieht, die hier in den Vereinigten Staaten leiten werden.

Wenn wir akzeptieren, dass es richtig ist, eine Geschlechterneutralität anzustreben, dann ist der Anreiz Nummer zwei offensichtlich: *Wenn wir unsere Gemeindeleiter geschlechtsneutral auswählen, dann erhöht das unsere Chance darauf, diejenigen zu ernennen, die am besten qualifiziert sind.* Ich frage mich, ob all diese Dirigenten und Musikdirektoren sich an irgendeinem Punkt, als sie mehr und mehr Frauen einstellten, zu fragen begannen: „Wie lange haben wir die Chance verstreichen lassen, mit einigen der besten Musikern in unserem Orchester zu spielen, einfach weil wir aufgrund unseren Geschlechtervorurteilen nicht richtig zuhören konnten?" Ich weiß, dass ich mir diese Frage selbst stelle, wenn es um das Thema Gemeindeleitung geht. Geschlechtervorurteile sind meines Erachtens dafür verantwortlich, dass wir nicht nur viele begabte Frauen aus der Leiterschaft ausgeschlossen haben; sie haben darüber hinaus viele Männer qualifiziert, die als Leiter nicht besonders begabt sind.

Wenn das Geschlecht zählt

Die Familie Gottes braucht Väter und Mütter. An diesem Punkt müssen wir eine neue Wertschätzung der geschlechtsspezifischen Unterschiede erlangen. Mutter- und Vatersein sind geschlechtsspezifische Rollen, und deshalb müssen wir verstehen, an welcher Stelle die Geschlechter ins Spiel kommen. Wenn wir uns Gottes Plan für die Familie anschauen, dann sehen wir, dass Männer und Frauen gleich wichtige, wenn auch unterschiedliche Beiträge als Eltern leisten. Beide sind in gleichem Maße dafür verantwortlich, ihre Kinder zu versorgen und aufzuziehen. Elternschaft ist eine ergänzende Partnerschaft, in der Mutter und Vater beide gleich wichtige, wenn auch unterschiedliche Anteile beisteuern.

In den letzten Jahrzehnten hat es einen Trend gegeben, dass man gerade im Hinblick auf Elternschaft mit Blindheit gegenüber den Geschlechtern reagiert hat. Viele Menschen erkennen heute, dass die meisten Aufgaben in einer Familie von beiden Geschlechtern erfüllt werden können. Dennoch folgt daraus nicht, dass Kinder nicht doch beide Elternteile brauchen, was viele Menschen in unserer Kultur zu beweisen versuchen. Die Umfragen über geschiedene oder alleinerziehende Eltern lügen nicht. Der Maßstab, um Kindern die besten Voraussetzungen für ein erfolgreiches Leben zu geben, ist nach wie vor die Kernfamilie, in der die Kinder von beiden biologischen Eltern aufgezogen werden.

Obwohl Väter und Mütter sicherlich die meisten Aufgaben gleich gut erledigen können, sowohl zuhause als auch in ihrer Arbeitsstelle, hat das Geschlecht einen deutlichen Einfluss auf die Art und Weise, wie Mütter und Väter Kontakte knüpfen und Beziehungen zu ihren Kindern leben. Diese Unterschiede entstehen instinktiv von dem Moment an, in dem die Babys auf die Welt kommen. Mütter knuddeln ihre Babys; Väter werfen sie in die Luft. Mütter kommunizieren ständig verbal und visuell mit ihren Kindern, während Väter sie in den Bereich der Aktivitäten einführen. Mütter kümmern sich um Sicherheit und Stabilität; Väter wollen, dass ihre Kinder Risiken eingehen und ihre Grenzen austesten. Dies sind natürlich Verallgemeinerungen, doch sie sind normalerweise beobachtbar und bekräftigen die Tatsache, dass Mütter und Väter verschiedene Aspekte zur Entwicklung ihrer Kinder beitragen, die einander ausbalancieren und helfen, einen vielseitigen Menschen zu schaffen. Ähnlich glaube ich, dass Mütter und Väter in der Kirche, selbst wenn sie beide in der Lage sind, die Anforderungen an einen Leiter zu erfüllen, doch einzigartige soziale Elemente und Beziehungsdynamiken in ihrem Leitungsstil mitbringen, die der Leib Christi dringend braucht, um reif und gesund zu wachsen.

Um erfolgreiche Partner zu sein, müssen Mütter und Väter sowohl in der natürlichen Familie als auch in der Gemeinde reif genug und fähig sein, die gegenseitigen Unterschiede zu schätzen, ihnen Platz einzuräumen und miteinander zu kooperieren. Die vielleicht größte Bedeutung der Geschlechter in der Elternschaft hat der zentrale Aspekt, wie Mütter und Väter ihre Kinder dazu erziehen, andere zu ehren, wertzuschätzen und mit ihnen zusammenzuarbeiten, obwohl sie anders sind als sie selbst. Und Eltern werden das nur bis zu dem Grad lehren können, wie sie das selbst gelernt und umgesetzt haben. Wenn sie nicht fähig sind, eine gesunde Partnerschaft miteinander aufrecht zu erhalten, dann werden sie kaputte Beziehungsmuster an ihre Kinder weitergeben. Unglücklicherweise scheint dies die Regel zu sein. Doch die Gemeinde ist aufgerufen, diese Muster zu zerbrechen und sie durch gesunde zu ersetzen. Aus diesem Grund ist es so entscheidend für unsere Leiterschaft, dass sie gesunde Partnerschaften vorlebt, *besonders* zwischen Männern und Frauen.

Grundsätzlich ist es herausfordernd, mit anderen Menschen zusammenzuarbeiten – selbst wenn wir mit Menschen unterwegs sind, die uns sehr ähnlich sind. Doch diese Herausforderungen stehen auf einem ganz anderen Blatt, wenn Männer und Frauen versuchen zusammenzuarbeiten. Es gibt keinen Zweifel, weder wissenschaftlich noch aus Erfahrung, dass Männer und Frauen anders verdrahtet sind. Wir denken anders über das Leben, sehen

Situationen und Personen anders und brauchen andere Dinge, um uns erfolgreich zu fühlen und ein erfülltes Leben zu haben. Dies trifft nicht nur auf die Ehe zu, sondern es gilt für jede Mann-Frau-Beziehung.

Größtenteils arbeiten wir Männer lieber mit anderen Männern zusammen, weil es einfacher erscheint. Wir haben denselben Sinn für Humor, dieselben Prioritäten, denselben Denkprozess und dieselbe Art, mit Stress und Meinungsverschiedenheiten umzugehen. Zum größten Teil haben Männer dieselben Bedürfnisse nach Bedeutsamkeit und Respekt, und wir kommunizieren unsere Bedürfnisse und Sehnsüchte auf ähnliche Weise. Nicht alle Männer sind gleich, doch wir sind einander sehr viel ähnlicher als den meisten Frauen, und diese Ähnlichkeiten machen die Zusammenarbeit bequem und sicher für uns. Für viele von uns fühlt sich der Gedanke, Frauen in unserer Gemeindeleitung aufzunehmen – als Kollegen mit der gleichen oder sogar mit mehr Autorität – erschreckend an. Wir denken: *Oh nein! Diese Frauen machen verrückte Sachen, die einfach keinen Sinn ergeben. Auf keinen Fall werde ich ihnen in meinem Umfeld Macht geben!* Die Unterschiede der Frauen führen dazu, dass wir sie als unvorhersehbar und deshalb als instabil und unsicher ansehen. Aus diesem Grund umgeben wir uns nur mit vollmächtigen Männern und schaffen sehr hohe Zäune, um die Frauen draußen zu halten.

Dennoch ist diese Angst eigentlich ein Zeichen dafür, dass wir nicht reif und stark sind. Wenn die Weiblichkeit uns einschüchtert, dann müssen wir Männer langsam erwachsen werden – und die Zerbrochenheit in unserem

Herz angehen. Leider wurden die meisten Männer durch das patriarchalische Paradigma so erzogen, dass sie Männlichkeit und Weiblichkeit nicht als Gegenteile ansehen, die einander anziehen, sondern als Gegenteile, die im Konflikt zueinander stehen. Vereinfacht könnte man sagen, wir lernen Paare mit offensichtlich gegensätzlichen Eigenschaften kennen – zum Beispiel: Frauen sind emotional und Männer sind analytisch – und dann denken wir, weil wir uns in unserer männlichen Identität wohl fühlen wollen: „Gefühle sind weiblich, und ich will keine Frau sein, also werde ich nicht emotional und ich werde definitiv nicht zuhören oder versuchen, eine Frau zu verstehen, wenn sie emotional ist." Offensichtlich vernichtet diese Art Schwarz-Weiß-Denken jede Form von Partnerschaft zwischen den Geschlechtern, und das ist *nicht* Gottes Plan für uns. Er will, dass wir erwachsen werden und erkennen lernen, wie unser Gegenstück geschaffen wurde – nicht um die Partnerschaft einzuschränken, sondern um sie attraktiv zu machen und zu erleichtern.

Gott schuf unsere Unterschiede so, dass sie zusammenpassen. Das bedeutet, wir müssen lernen, sie zu schätzen und ihnen Raum zu geben, damit sie in unseren Beziehungen voll zum Ausdruck kommen. Männer, anstatt alles „Weibliche" in die Kategorie „Damit kann ich nichts zu tun haben, denn ich bin ein Mann" zu stecken, müssen wir lernen, es in die Kategorie „Du hast etwas, dass ich nicht habe, aber brauche" zu packen. Wir müssen die Nuancen der weiblichen Sensibilität gegenüber Gefühlen wertschätzen und verstehen, und wir müssen erkennen, wie dieser Charakterzug speziell dazu gemacht wurde, um ein tiefes Bedürfnis in uns zu stillen. Und dasselbe gilt für die Frauen. Frauen müssen die Feinheiten der männlichen Fähigkeit, ihre Gefühle und Gedanken zu analysieren und zu unterteilen, wertschätzen und verstehen lernen, und sie müssen erkennen, wie dieser Charakterzug speziell dafür gemacht wurde, um ein tiefes Bedürfnis in ihnen zu stillen. Gott möchte, dass wir dies mit all unseren ergänzenden Unterschieden machen. Wenn wir das tun, dann trainiert uns dies, damit wir reife Männer und Frauen werden, die verletzbar genug sind, um sagen zu können: „Ich kann das nicht tun, was du tust. Ich brauche das, was du einbringst. Ich brauche deine Meinung und deine Perspektive. Bitte teile sie mir mit und ich werde mein Bestes geben, um dir zuzuhören und mit Wertschätzung darauf zu reagieren."

Gott sagte uns, dass Er Männer und Frauen geschaffen hat, um Sein Angesicht zu tragen. Das bedeutet, dass wir, wenn wir nur Männern erlauben, Einfluss oder Wert zu haben, nur die Hälfte dessen wertschätzen, wer Gott ist und was Er in die Menschheit hineingelegt hat. Wir sind wie eine Person mit zwei funktionierenden Augen, die eine Augenklappe über ein Auge legt und mit einer einäugigen Perspektive durchs Leben geht.[56] Wenn wir in die Fülle dessen, was Gott für uns hat, hineintreten wollen, dann müssen wir die Klappe wegnehmen und anfangen, mit zwei offenen Augen zu leben. Wir müssen Frauen bevollmächtigen, damit sie die Personen sein können, die sie sind, und ihre einzigartigen Aspekte von Gott einbringen können, die in die Weiblichkeit eingebettet sind.

---

56   Ich hörte diese Analogie von Theresa Dedmon, einer Freundin von mir, die vorlebt, wie eine vollmächtige Frau ist

Die Stärken der Weiblichkeit

Dank der männlichen Unsicherheit, die das patriarchalische Paradigma antreibt, hat die Welt und auch die Kirche lange Zeit ein negatives Klischee von Weiblichkeit aufrechterhalten. Wir erleben dies in den „Blondinen-Witzen" (die in Wirklichkeit „Frauen-Witze" sind) und auch in gängigen Schlagwörtern wie dämlich, albern, Dummkopf, Barbie, unwissend, zu geschwätzig, kompliziert, gefühlsduselig, flatterhaft, unlogisch, usw. Frauen haben genauso wie Männer ihre Schwachpunkte. Doch unsere Kultur hat diese Schwachpunkte oder Unterschiede von Frauen viel zu häufig bis zu dem Punkt verstärkt, an dem Frausein mit einer Fülle von negativen Eigenschaften einhergeht. Wenn wir männliche Merkmale höher bewerten als weibliche, dann erzeugen wir damit ein Umfeld, in dem es für eine Frau sehr schwer ist, erfolgreich und einflussreich zu sein, ohne ihre Weiblichkeit zu unterdrücken. Hillary Clinton ist dafür ein exzellentes Beispiel. Erinnerst du dich daran, wie sie auf der Wahlkampftour war und ein paar Tränen vergoss, als sie davon sprach, wie stressig so eine Kampagne ist? Die Medien fielen wie die Wölfe über sie her, nur weil sie sich verletzlich zeigte und weinte. Ihre Tränen machten sie nicht weniger wertvoll oder kompetent. Sie waren lediglich eine natürliche Reaktion, die bei Frauen auftritt, wenn sie gestresst sind. Wenn Frauen wie Männer werden müssen, damit man ihnen vertraut und sie bevollmächtigt, dann verlieren alle. Die Männer verpassen die Dimensionen, die Gott durch

Weiblichkeit vermittelt, und die Frauen sind unerfüllt, weil sie versuchen, etwas zu sein, was sie nicht sind.

Die Welt beginnt endlich zu erkennen, dass die weiblichen Stärken - wie Intuition und Mitgefühl für andere – bedeutende Stärken in der Leiterschaft sind[57], doch es muss immer noch viel geschehen, damit der Wert der Weiblichkeit tatsächlich erkannt wird. Als ich die starken Frauen interviewt habe, von denen ich zuvor in Kapitel 3 berichtete, fragte ich sie auch, was ihrer Meinung nach die speziell weiblichen Stärken in einem Leitungsteam sind. Dies sind einige der Stärken, die sie aufzählten:

- Frauen sind intuitiver und haben eine andere Sensibilität gegenüber dem Heiligen Geist.

- Frauen haben in der Regel eine höhere emotionale Intelligenz und sind sich sowohl über ihr eigenes Wohlergehen als auch über das von den Menschen um sich herum bewusst.[58]

- Frauen haben einen „transformierenden" Leitungsstil. Sie kümmern sich um die persönliche Entwicklung ihrer Mitarbeiter, nicht nur um deren Leistung.[59]

57　Alica H. Eagly and Linda L. Carli, "The female leadership advantage: An evaluation of the evidence," Pergamon: The Leadership Quarterly 14 (2003) S. 807-834; www.wellesley.edu/Psychology/Psych/Faculty/Carli/FemaleLeadershipAdvantage.pdf (Zugang vom 8. Juni 2012)

58　Dan Goleman, "The Brain and Emotional Intelligence," Psychology Today (29. April 2011); www.psychologytoday.com/blog/the-brain-and-emotional-intelligence/201104/are-women-more-emotionally-intelligent-men (Zugang vom 28. Mai 2012)

59　Eagly and Carli, S. 813-818

- Frauen machen sich Gedanken darüber und sind sich dessen bewusst, wie ihre Entscheidungen andere beeinflussen werden.

- Frauen sind gut darin, spezifische Bestätigungen weiterzugeben, und sie sind fürsorglich, mitfühlend und einschließend. Niemand wird zurückgelassen.

- Frauen sind tendenziell gute Zuhörer. Sie sind beziehungsorientiert, geduldig und mitfühlend und sie schätzen Teamarbeit. Sie bringen die positiven Seiten des Familienlebens in eine Arbeitsumgebung hinein.[60]

- Frauen sind gut im Multitasking. Dadurch sind sie in der Lage, gleichzeitig Aufgaben zu erledigen, sich zu unterhalten und gedanklich Probleme zu lösen.[61]

- Frauen neigen dazu, global zu denken – sie überprüfen, wie Entscheidungen sich auf das System und auf die kommenden Generationen auswirken werden.

- Frauen sind gut in der Verwaltung und wenn es um Details geht. Sie erkennen die notwendigen Schritte auf dem Weg, um das Ziel zu erreichen.

- Frauen suchen nach einer Win-Win-Lösung, während Männer eher dazu neigen, einfach gewinnen

---

60   Rita Webster, "Women and Leadership: Five Key Strengths Every Organization Needs," HR Management; www.hrmreport.com/article/Women-and-Leadership-Five-Key-Strengths-Every-Organization-Needs/ (Zugang vom 8. Juni 2012).

61   Richard Gray, "Scientists prove that women are better at multitasking than men," The Telegraph (17. Juli 2010); www.telegraph.co.uk/science/science-news/7896385/Scientists-prove-that-women-are-better-at-multitasking-than-men.html (Zugang vom 28. Mai 2012).

zu wollen. Dies bedeutet, dass viele Frauen sehr gute Mediatorinnen sind.

- Frauen haben ein kleineres Ego und sind nicht so besorgt, dass sie Anerkennung erhalten. Sie sind oft schneller bereit, der Organisation oder Vision zuliebe ein Opfer zu bringen.

- Frauen sind oftmals furchtlos (der Mama-Bär-Instinkt) und auch resolut. Sie sind nicht bereit, von der Wahrheit abzuweichen.

- Frauen sind kreativ, sparsam und einfallsreich. Dadurch sind sie großartig, wenn es darum geht, effektive Lösungen zu finden.

Dies sind ganz offensichtlich Verallgemeinerungen. Einige Männer sind in all diesen Punkten besser als einige Frauen. Dennoch ist es wahr, dass viele Frauen tendenziell in diesen Bereichen hervorstechen. Frauen bringen etwas sehr Kraftvolles in ein Team hinein, und das verpassen wir, wenn wir sie ausschließen.

Frauen erhalten mehr und mehr Zustimmung im Hinblick auf ihre Leitungs- und Management-Begabungen. Eine Studie von Zenger und Folkman, die Autoritäten auf dem Gebiet der stärkenbasierenden Leiterentwicklung sind, fand kürzlich heraus, dass Frauen in einem Großteil der Leitungsbereiche besser als Männer waren. Dies beinhaltet auch Bereiche wie „nach Ergebnissen streben", die als typisch männliche Gebiete angesehen werden.[62] In seinem Buch „Man Down" sammelte der

---

[62] Jack Zenger and Joseph Folkman, "Are Women Better Leaders Than

Anwalt Dan Abrams Daten aus mehreren Studien, um die unerwarteten Resultate hervorzuheben, wie Frauen den Klischees widersprechen und die Männer im Hinblick auf ihre Leistung überholen. Sein Untertitel sagt alles aus: *„Zweifelsfreie Beweise dafür, dass Frauen die besseren Polizisten, Fahrer, Spieler, Spione, Weltführer, „Bier-Verkoster", Hedgefonds-Verwalter und auch sonst fast alles sind."* Laut Abrams zeigen die Studien, dass Frauen genetisch dazu gemacht sind, in vielen Dingen herausragend zu sein, in denen Männer nicht so exzellent sind.[63]

Ich behaupte nicht, dass Frauen grundsätzlich besser sind als Männer, wie dies die Feministinnen tun. Ich erkläre lediglich, dass Männer und Frauen denselben Wert haben und dass unsere Unterschiede einander ergänzen. Wir gehören zusammen. Und wir arbeiten *wirklich* gut zusammen, wenn wir aufhören, auf unsere geschlechtsspezifischen Ängste zu hören und lernen, unsere vereinten Stärken zu schätzen.

Weibliche Intuition

Ein starker Charakterzug von den meisten Frauen ist ihre einzigartige Sensibilität für die Bewegungen des Heiligen Geistes. Wenn der Wind des Geistes in einer Umgebung zu wehen beginnt, dann spüren das die Frauen meistens

---

Men," HBR Blog Network: Harvard Business Review (15. März 2012); http://blogs.hbr.org/cs/2012/03/a_study_in_leadership_women_do.html (Zugang vom 8.Juni 2012). Die komplette Studie "A Leadership Study: Women do it Better than Men," findet man unter www.zfco.com/media/articles/ZFCo.WP.WomenBetterThanMen.033012.pdf (Zugang vom 8. Juni 2012)

63   Dan Abrams, Man Down (New York: Abrams Image, 2011)

zuerst. Ich kann oft sagen, dass der Geist sich bewegt, weil ich sehe, wie die Frauen die Selbstkontrolle verlieren. Wenn ich in einem Treffen sehe, wie sie auf Seine Gegenwart reagieren, dann weiß ich, dass es Zeit ist, mich darauf vorzubereiten, dass der Heilige Geist etwas tut. Ich sage nicht, dass Männer den Heiligen Geist nicht spüren – das tun sie ganz offensichtlich. Doch ich glaube, dass Frauen ein einzigartiges Gespür haben, das oftmals schneller und einfühlsamer ist. Tragischerweise wurde diese Sensibilität für den Geist in großen Teilen der Kirche sowohl in der Geschichte als auch heute noch als „Emotionalität" abgestempelt und unterdrückt.

Ein anderer Aspekt der weiblichen geistlichen Sensibilität zeigt sich in einer verblüffenden Fähigkeit zu wissen, was wirklich in einer Situation vor sich geht und was getan, bzw. nicht getan werden sollte. Ein klassisches Beispiel dafür, „wie man eine wirklich schlechte Entscheidung fällt, weil man die weibliche Intuition nicht beachtet", sehen wir bei dem Verhör von Jesus durch Pilatus. Pilatus Frau sandte ihm eine Botschaft: *„Habe du nichts zu schaffen mit jenem Gerechten! Denn im Traum habe ich heute um seinetwillen viel gelitten."* (Mt. 27, 19). Doch anstatt auf seine Frau zu hören, gab Pilatus der Furcht des Volkes nach und befahl, Jesus kreuzigen zu lassen.

Später in diesem Kapitel sehen wir, dass Frauen eine größere Erkenntnis darüber hatten, wer Jesus war, und sie handelten entsprechend ihrer Erkenntnis, während die Männer auf die Situation mit Furcht reagierten. Matthäus 27, 55-56 besagt:

Die Gaben der Frauen

Es sahen aber dort viele Frauen von weitem zu, die Jesus von Galiläa nachgefolgt waren und ihm gedient hatten; unter ihnen waren Maria Magdalena und Maria, des Jakobus' und Josefs Mutter, und die Mutter der Söhne des Zebedäus.

Die Männer rannten davon, doch die Frauen folgten Jesus weiterhin nach und blieben bei Ihm, sogar als Er bereits gekreuzigt war. Nachdem Jesus gestorben und begraben war, folgten Ihm die Frauen immer noch. Als Josef von Arimathea den Körper von Jesus begrub, saßen Maria Magdalena und die andere Maria gegenüber des Grabes und warteten (siehe Mt. 27, 61). Es schien, als wüssten sie irgendwie, dass dies nicht das Ende der Geschichte war. Drei Tage später kamen sie zurück und entdeckten, dass ein Erdbeben die Felsen gespalten hatte und ein Engel den Stein vom Eingang des Grabes gerollt hatte (siehe Mt. 28, 1-3). Der Engel trug den Frauen auf, loszugehen und die Jünger zu finden – die sich irgendwo versteckten – und ihnen zu sagen, dass Jesus auferstanden war (siehe Mt. 28, 5-10).

Ich frage mich, ob die Frauen und nicht die Männer diejenigen waren, die das leere Grab entdeckten, weil sie eine geistliche Intuition hatten. Warum sonst sollten sie sich zu solch einem gefährlichen Ort hingezogen fühlen, um das Grab zu besuchen? Warum sollten sie sich dort aufhalten, während sich die Jünger voller Furcht in ihren Häusern versteckten?

Die meisten Ehemänner können Geschichten darüber erzählen, wie sie die Intuition ihrer Frauen ignorierten und es später bereut hatten. Ich kann dies mit Sicherheit tun. Einmal, als unsere Tochter Brittney fünf Jahre alt war, fiel sie von der Arbeitsplatte einer Außenküche und landete mit dem Gesicht auf dem Betonboden. Ihr Kinn platzte auf, und deshalb nahm ich sie mit nach drinnen, um ihr ein Schmetterlingspflaster auf den Schnitt zu kleben. Ich überprüfte auch ihre Zähne und ihren Mund, um zu sehen, ob ich mir noch weitere Sorgen machen musste. Alles schien für mich soweit in Ordnung zu sein. Doch Sheri war sich nicht so sicher. Sie wollte Britt wirklich gerne ins Krankenhaus bringen, um eine Röntgenaufnahme zu machen. Wir hatten geplant, an diesem Tag einen Ausflug mit Übernachtung in einen Freizeitpark zu machen. Weil ich erkannte, dass das Krankenhaus unsere Pläne definitiv ins Wanken bringen würde, sagte ich: „Ach, warten wir doch ab und sehen, wie es ihr geht." Wir warteten eine Stunde lang und Britt schien es gut zu gehen. Deshalb entschieden wir uns dafür, unseren Ausflug zu machen.

Später an diesem Abend im Hotel wachte Britt weinend auf. Sheris Intuition sprang an und sie sagte: „Etwas stimmt nicht!"

„Sie versucht nur, unsere Aufmerksamkeit zu bekommen", sagte ich. Ich dachte, ihr Kiefer täte weh von ihrem Sturz und sie versuchte, ihre Verletzung zu ihrem Vorteil zu nutzen. Ich siegte, und wir legten Britt zurück ins Bett und gingen zur Normalität über.

Am nächsten Tag, als wir in dem Freizeitpark waren, kaufte ich Britt etwas Süßes. Später bemerkte ich, dass sie es immer noch mit sich herumtrug. „Britt", sagte ich, „warum isst du deine Süßigkeiten nicht?"

„Mein Mund tut weh", sagte sie. Sie weigerte sich, die Süßigkeiten zu essen. An diesem Punkt erkannte ich, dass etwas nicht stimmte – welches Kind würde keine Süßigkeiten essen? Dennoch war ich immer noch sicher, dass es nicht *so* ernst sein könnte. Nach einem ganzen Tag in dem Park fuhren wir am späten Sonntagabend nach Hause. Am nächsten Morgen brachten wir Britt schließlich zum Arzt. Als der Arzt sie untersuchte, sagte er: „Es sieht nicht so aus, als sei etwas gebrochen, aber ich will sie dennoch gerne röntgen." Er und ich waren schockiert über das Ergebnis – und Sheri begann zu weinen, weil sie die ganze Zeit über Recht gehabt hatte. Unser kleines Mädchen war zwei Tage lang mit einem *gebrochenen Kiefer* herumgelaufen!

Britt verbrachte die nächsten drei Tage mit einem durch Draht verschlossenen Mund, und ich lernte eine wertvolle Lektion darüber, die Intuition meiner Frau zu beachten.

Wenn wir ehrlich sind, dann fürchten sich die meisten von uns Männer ein bisschen vor der weiblichen Intuition und Sensibilität. Es fühlt sich zu schwammig und unkontrollierbar an. Es scheint irgendwie eine großartige Möglichkeit für unsere Frauen zu sein, um die Zügel in der Hand zu behalten und ihren Willen durchzusetzen. Es fühlt sich wie eine Bedrohung für unsere Macht an. Ich zumindest habe mich früher vor der weiblichen Intuition gefürchtet. Doch als ich diese Angst erkannte, bekannte ich sie und tat Buße dafür. Ich entschied mich, meine Herzenshaltung zu verändern. Heute erkenne ich die Stärke der weiblichen Intuition, und ich möchte Informationen und Hilfestellungen von den Frauen in meinem Leben erhalten, damit ich auf den Heiligen Geist ausgerichtet bleiben kann. Dies ist nicht nur in unserem persönlichen Leben und in unseren Beziehungen wichtig, sondern auch im gesamten Gemeindeleben. Als Leib Christi ist es eine unserer Hauptprioritäten, vom Geist geleitet zu werden. Dies ist eine nicht verhandelbare Notwendigkeit, wenn wir die Agenda und die Herrschaft des Himmels auf die Erde bringen wollen. Wir schätzen Propheten und Prophetien, weil sie uns helfen, das zu hören, was Gott sagt. Es ist nur logisch, dass wir auch die weibliche Intuition wertschätzen sollten. Sie ist eine einzigartige Gabe Gottes, die Er den Damen gegeben hat, um uns allen zu helfen, im Einklang mit dem Geist zu leben, damit wir dort ankommen, wo wir hingehen wollen und dabei Fallgruben und Rückschläge vermeiden. Leider haben wir die Intuition in der Kirche zum größten Teil nicht wertgeschätzt. Dies muss sich ändern. Wir müssen ihren unglaublichen Wert erkennen und uns bewusst dafür entscheiden, diese einzigartige weibliche Gabe zu beschützen. Wir müssen der weiblichen Intuition eine Stimme geben, wenn große Entscheidungen gefällt werden.

Weltmeister im Verknüpfen

Im letzten Kapitel habe ich die Geschichte von Ruanda erzählt und die starke Rolle hervorgehoben, die Frauen bei der Wiederherstellung von Frieden und Versöhnung in ihrem vom Krieg zerstörten Land spielten. Diese Neigung zur Versöhnung von Frauen wird allgemein anerkannt. Doch erst vor kurzem untersuchten Sozialwissenschaftler die Ursache für diese weibliche Stärke. Als sie die Auswirkungen von Stress auf Männer und Frauen untersuchten, entdeckten Forscher der UCLA, dass Männer unter Stress eine „Kampf-oder-Flucht"-Reaktion entwickeln, die grundsätzlich unsozial ist. Entweder gehen sie auf einen anderen los oder sie verkriechen sich alleine. Frauen erleben dieselben Kampf-oder-Flucht-Gefühle als Reaktion auf Stress, doch sie neigen eher dazu, in sozialer Weise zu reagieren – sie verbringen Zeit mit ihren Kindern oder sprechen mit einem Freund. Frauen bekämpfen Stress durch Beziehungen zu Menschen.

Diese unterschiedlichen Reaktionen von Männern und Frauen werden durch unsere Hormone hervorgerufen. Wenn wir gestresst sind, schütten wir alle ein Hormon namens Oxytocin aus, das unsere Bindungsfähigkeit erhöht und Angst reduziert. Das weibliche Hormon Östrogen verstärkt jedoch den Effekt von Oxytocin noch, während Testosteron, das männliche Hormon, diesen unterdrückt. Das ist der Grund dafür, warum Frauen unter Stress nach Anbindung an andere Menschen suchen. Dies hilft ihnen, sich zu beruhigen und ermöglicht gleichzeitig die Bildung einer Verbindung in Beziehungen, während Männer genau das Gegenteil machen. Dies erklärt auch, warum Frauen gut darin sind, Versöhnung zu schaffen und Frieden herzustellen, was besonders in angespannten Stresssituationen notwendig ist.[64]

---

64   Shelley E. Taylor, Laura Cousino Klein, (u.a.): "Behavioral Responses to Stress in Females: Tend-and-Befriend, Not Fight-or-Flight," Psychological Review, Vol. 107, No. 3, S. 411-429; (http://taylorlab.psych.ucla.edu/2000_Biobehavioral%20responses%20to%20stress%20in%20females_tend-and-befriend.pdf, Zugang vom 19. September 2012).

Eine männerdominierte Welt ist eine unausgewogene Welt. Wir, die wir eine Offenbarung von Gottes heiligem Plan für die Einheit zwischen Männern und Frauen haben, sollten dies besser als jeder andere verstehen. Dee Dee Myers schreibt:

> Tatsache ist: Männer und Frauen erleben die Welt häufig unterschiedlich. [...] Wenn wir diese unterschiedlichen Blickwinkel einbeziehen und respektieren, [...] dann vertiefen wir den Dialog, erweitern den Umfang der Ermittlungen, ändern die Art, wie wir denken. Wir machen die Geschäfte effektiver. Wir machen die Regierung zugänglicher. Wir erhalten bessere Kunst, bessere Wissenschaft, bessere Schulen. Kurz gesagt, jeder gewinnt. Doch es beginnt damit, dass wir die Unterschiede akzeptieren.[65]

Wir sind am besten, wenn wir einen Weg finden, um zusammenzuarbeiten. Jede Organisation oder Gemeinde braucht *sowohl* Männer *als auch* Frauen, die als vollmächtige Kollegen zusammenarbeiten. Nur dann werden wir Zugang zu *allen* Stärken der Menschheit haben und die notwendigen Kontrollen sowie die Balance für unsere Schwächen finden, die wir alle haben. Nur dann werden wir gewinnen.

---

[65] Dee Dee Myers, Why Women Should Rule the World (New York: Harper, 2008), S. 86-87; übersetzt

Kapitel sieben

STARKE PARTNERSCHAFTEN

In Sprüche 31 gibt König Lemuel den Rat von einer weisen und einflussreichen Frau weiter – von seiner Mutter. Sie zog ihn so auf, dass er der Leiter werden konnte, der er war, und er machte ihre Worte berühmt – Worte, die Stoff für unzählige Diskussionen und Debatten über das Wesen einer „Sprüche 31-Frau" auslösten. Die „gute Frau", die diese Königsmutter beschrieb, sieht ganz und gar nicht wie eine kraftlose Spülkraft aus. Sie ist eine Naturgewalt und herrscht über das kleine Königreich ihres Zuhauses, über ihre Familie und ihre Gemeinschaft mit unermüdlichem Fleiß, Geschäftstüchtigkeit, Beziehungs- und emotionaler Intelligenz, Gnade, Großzügigkeit und Würde. Sie ist eine Träumerin und Schöpferin, voller Pläne und Strategien, die sie mit Tatkraft und Zuversicht verfolgt. Sie ist definitiv eine freie und kraftvolle Person, die etwas *bewegt*.

Einige Menschen haben beklagt, dass die Frau in Sprüche 31 nur ein weiteres Beispiel für die fiktive, unmögliche, „ideale Frau" ist, der ambitionierte Frauen immer wieder hoffnungslos nacheifern. Doch diese Interpretation übersieht ein sehr wichtiges Element dieses Bildes – nämlich, dass die „Sprüche 31-Frau" in einer Partnerschaft lebt. Sie hatte einen „Sprüche 31-Mann" an ihrer Seite: *„Ihr Mann kann ihr vertrauen, und sie wird sein Leben bereichern."* (Spr. 31, 11; NL). Dieser Mann ist kein Pantoffelheld oder Weichling; er ist ein Leiter in seiner Stadt und *„...ist angesehen, denn er sitzt in der Ratsversammlung zusammen mit anderen hohen Bürgern des Landes."* (Spr. 31, 23; NL). Sprüche 31 ist ein Bild dafür, was eine starke Frau tun kann, wenn sie ihre Kräfte mit einem starken Mann verbindet, der an sie glaubt und der, anstatt von ihrer Stärke bedroht zu werden, sie für diese lobt und weiß, dass sie einer der Gründe ist, warum er so respektiert wird. Sie lässt ihn wie ein Genie aussehen, und er behandelt sie genauso.

Wenn es jemanden gäbe, der dem Leib Christi sagen könnte, was wir gewinnen, wenn wir Frauen bevollmächtigen – und der uns auch sagt, wie wir erfolgreiche Partnerschaften mit ihnen bauen, dann wäre das wahrscheinlich dieser Mann aus Sprüche 31. Und Gott sei Dank hat es sich ergeben, dass ich einige Männer wie ihn kenne – starke Männer, die entweder mit kraftvollen Frauen verheiratet sind und/oder mit solchen Frauen partnerschaftlich zusammenarbeiten, die zurzeit führend in Gemeinden, internationalen Diensten und in der Wirtschaft sind. Etliche dieser Männer haben sich – genauso wie ein paar ihrer Frauen – dankbarerweise bereit erklärt, sich zu öffnen und uns einen Blick in das Innere einer solchen kraftvollen Beziehung zu gewähren. Sie zeigen uns insbesondere, wie es aussieht, eine starke Frau zu bevollmächtigen, zu „bedecken" und zu beschützen; wie sie mit Herausforderungen und Unsicherheit umgegangen sind und welche Vorteile es hat, mit einer gleichberechtigten, ergänzenden Partnerin zu leben.

Ihre Träume wahr werden lassen

Skyler Smith ist im Hauptleitungsteam von Jesus Culture und Mitglied der Jesus Culture Band. Skyler ist mit Kim Walker-Smith verheiratet, die eine der Hauptsängerinnen von Jesus Culture sowie eine International angesehene Leiterin und Songschreiberin ist. Neben ihrem intensiven Zeitplan als Anbetungsleiterin ist Kim aktiv in der Leitung des Dienstes und des Musiklabels von Jesus Culture involviert. Sie betreut neue Künstler und plant deren Tonaufnahmen.

„Meine Frau ist von Natur aus eine Leiterin", sagt Skyler. „Sie steht definitiv im Rampenlicht, doch wenn man im Rampenlicht steht, heißt das noch lange nicht, dass man auch die Fähigkeiten zu leiten hat oder als Leiter wertgeschätzt wird. Meine Frau ist nicht nur aufgrund ihrer Position eine Leiterin, sondern weil sie so ist, wie sie ist. Menschen folgen ihr einfach – sogar Menschen, die keine Beziehung zu ihr haben. Sie verfolgen, was sie macht und wie sie auf Dinge reagiert. Wir erhalten ständig Kommentare von Leuten über ihren Lebensstil, und das bedeutet, dass Menschen ihr nicht nur folgen, weil sie einen Titel hat, sondern weil sie von ihr geleitet werden wollen. Sie trägt das, was in ihr ist, so gut."

Bereits zu Beginn ihrer Beziehung konnte Skyler sehen, dass Kim ein bedeutendes Maß an Autorität hatte – Autorität, die ihr nicht nur aufgrund ihrer Gaben und Fähigkeiten gegeben wurde, sondern aufgrund ihres Charakters und der Gunst Gottes. Als ich Skyler fragte, was Kim zu einer kraftvollen Person macht, sagte er, er sähe ihre Kraft am deutlichsten in der Art und Weise, wie sie diese Autorität auslebt. „Kim fürchtet sich nicht davor, sich ihre Stärke zunutze zu machen – nicht auf arrogante oder kontrollierende Weise, sondern voller Zuversicht und zielgerichtet. ‚Ich muss bestimmte Dinge tun, und ich werde die Werkzeuge verwenden, die ich habe, um sie zu erledigen.' Sie fürchtet sich nicht, von Dingen zu träumen, die sie tun will und ihnen dann auch hinterherzugehen – unabhängig von den Kosten oder den Verpflichtungen. Für mich ist das Kennzeichen einer starken Person, dass sie ihre Ängste überwinden kann und ihre Träume tatsächlich verwirklicht."

Wie sieht es aus, wenn man eine bereits vollmächtige Person, die ihren gottgegebenen Zielen und Träumen hinterhergeht, bevollmächtigt? „Ich bevollmächtige meine Frau, indem ich sie anfeuere, jederzeit ihr Bestes zu geben", sagt Skyler. „Ich will immer derjenige sein, der sie herausfordert, besser zu sein und mehr von sich zu erwarten. Wenn etwas schwer für sie ist, dann ermutige ich sie, es durchzukämpfen und weiterhin in jedem Bereich zu wachsen. Ich weiß, dass ich meine Aufgabe, Kim zu ermutigen, gut gemacht habe, wenn sie sich kraftvoll genug fühlt, um den Dingen in ihrem Herzen nachzujagen. Ich trage nicht dazu bei, dass sie sich kraftvoll fühlt, wenn ich Erwartungen auf sie lege, die sie nicht in ihrem Herzen spürt. Doch wenn ich mich hinter die Dinge stelle, die nach ihrem Empfinden richtig sind und ihr meine Hilfe, meinen Rat und Richtungsweisungen gebe, dann spürt sie meine Stärke hinter sich sehr deutlich. Dann habe ich eine glückliche Frau, die weiß, dass sie alles auf der Welt erreichen kann, weil sie meine Unterstützung hat, auf die sie zurückgreifen kann. Der Stress, die Angst und aller Selbstschutz verschwinden, weil sie weiß, dass ich da bin, um ihr den Rücken zu stärken und es mit jedem aufnehme, der sie angreift."

Skyler gibt zu, dass eine Menge Selbstvertrauen erforderlich ist, um die bevollmächtigende Rolle beizubehalten, sowie Vertrauen, dass auch seine eigenen Bedürfnisse und Sehnsüchte erfüllt werden, wenn er sich treu hinter Kim und ihre Träume stellt. „Ich muss den Glauben beibehalten, dass egal wie viel Einfluss, Berühmtheit oder Rampenlicht Kim hat, es mich nur auf eine gute Weise beeinflussen wird, sofern es das ist, was der Herr für sie vorbereitet hat", sagte er. „Sobald ich durcheinander komme oder unzufrieden damit bin, wo ich selbst stehe, vielleicht weil sie dort ist, wo sie ist, dann habe ich die Schlacht schon halb verloren, und im Gegenzug wird sie das Defizit ernten. Es ist Teil meiner Aufgabe als ausrüstender und kraftvoller Ehemann, mich selbst an diesen Platz eines zuversichtlichen Unterstützers zu stellen und diesen auch zu behalten."

Schon am Anfang ihrer Beziehung kamen Kim und Skyler überein, dass die Ehe eine Verpflichtung ist, „das

Leben nie als eine Art Wettbewerb anzusehen, sondern zu verstehen, dass wir eine Einheit sind, die versuchen, ein Ziel zu erreichen." Kurz nachdem sie zusammengekommen waren, erklärte Skyler Kim seine Sichtweise zu diesem Thema. „Ich stehe voll dahinter, dass du deine Ziele erreichst, und ich werde alles tun, was nötig ist, damit du diese Ziele erreichst", sagte er ihr. „Es spielt keine Rolle, ob das bedeutet, dass ich dir und deiner Vision für eine bestimmte Zeit lang diene, oder ob du mir und meiner Vision eine Zeitlang dienst. Es ist egal, ob das heißt, dass du im Rampenlicht stehst oder ich im Rampenlicht stehe oder wir beide gemeinsam im Rampenlicht stehen, denn wir wollen beide das Beste füreinander."

In ihrer Ehe ist Kim bislang diejenige, die sichtbarer ist und als Leiterin „vorne" steht. Doch Skyler sagt, dass er sich in der unterstützenden Rolle wohlfühlt. „Ich muss nicht die Leitung haben oder ständig vorne stehen. Ich muss erkennen, was der Herr tut, und Ihm dann vollkommen vertrauen. Wenn Er sie zurzeit vorne stehen lässt, dann ist dies das Beste für sie und mich. Dass Kim dort oben gesehen wird, ändert nichts an meinem Wert. Ich definiere meine Identität durch die Aussagen, die Gott über mich und meine Person macht und worum Er mich bittet, dass ich es ausführe. Wenn ich nicht glaube, dass wir uns in diese Richtung bewegen, dann mache ich meinen Einfluss geltend, um dies zu ändern, damit wir das Richtige tun. Doch solange ich empfinde, dass wir am richtigen Platz sind, werde ich meine ganze Energie darauf verwenden, dass dies so gut wie möglich wird. Vielleicht ist das eines der großartigsten Dinge, die ich jemals in meinem Leben tun werde, dass ich meine Frau so weit voranschiebe, wie ich kann und sie so gut unterstütze, wie ich kann. Das ist okay für mich. Es geht mir gut damit. Das ist ein großer Erfolg."

Gemeinsam leiten

Die gebürtigen Neuseeländer Andy und Janine Mason sind die Autoren des Buches Traum-Kultur und sie leiten das Traum-Kultur-Programm in der Bethel-Gemeinde, das heute Coaching-Werkzeuge, Workshops und Trainings für viele Organisationen auf der ganzen Welt anbietet.

„Meine Frau und ich sind gleich einflussreich und wechseln uns an der Front ab", erklärt Andy. Dennoch erkennt er, dass „Janine auch eine stark beratende Leiterin ist – sowohl, wenn sie an meiner Seite leitet, als auch, wenn sie alleine von vorne leitet." Er kann viele Eigenschaften aufzählen, die Janine zu einer starken Person und Leiterin machen. „Sie besitzt die Fähigkeit, einen Raum zu betreten und schon bald festzustellen, wo Verbesserungen angebracht sind. Sie hat einen guten Blick dafür, wie Lösungen praktisch umgesetzt werden können und wie man die Herzen von Menschen wieder ganz macht. Sie weiß, dass sie etwas in sich trägt, das Wert und positive Veränderung für Einzelne und für Organisationen mit sich bringt, und sie hält sich nicht zurück, wenn etwas gesagt werden muss (nicht nörgelnd, jammernd oder negativ). Noch macht sie so leicht einen Rückzieher."

Andy versteht die Bevollmächtigung von Janine folgendermaßen: „Ich sehe ihre Autorität, ihren Einfluss, ihre Gaben und ihre Berufung und nutze dann meinen Einfluss, um dies anzuerkennen, anzunehmen und freizusetzen. Praktisch sind dazu viele Dinge nötig: Dass ich sie um ihre Meinung frage und mich danach richte; dass ich sie fördere, wenn ich die Möglichkeit dazu habe; dass ich sie ermutige, Gelegenheiten zu ergreifen, bei denen sie sprechen oder ihren Einfluss geltend machen kann; und manchmal muss ich auch zu Hause bleiben und mich um unsere Kinder kümmern, damit sie zu einer Veranstaltung oder Schulung gehen kann." Obwohl er sagt, dass er sich nie wirklich entmannt oder durch ihr Wachstum als Leiterin eingeschüchtert gefühlt hat, hatte er anfangs Angst, dass sie sich von ihm und ihrer Familie entfernen würde. „Doch als ich dann die Wurzel dieser Furcht gefunden hatte", sagte er, „erkannte ich, dass sie unbegründet war. Ich arbeitete dies im Gespräch mit geistlichen Vätern durch, die mir halfen, eine klarere Sicht zu bekommen. Ich pflegte die Intimität mit Gott und sprach mit Janine über meine Ängste. Ich blieb verletzlich und streckte mich danach aus, in meiner eigenen Beziehung zum Vater zu wachsen, der meine Identität sichert."

Andy erkennt, dass die Bevollmächtigung von Janine keine Entfremdung zwischen ihnen geschaffen hat, sondern stattdessen ihre Verbindung zueinander und zu den Kindern gestärkt hat. „Wenn ich meine Frau bevollmächtige, dann lebt sie auf und es geht ihr gut. Das bedeutet, dass sie glücklicher ist und wir ein glücklicheres Zuhause haben. Ich profitiere von der vertieften Intimität, die wir haben, wenn sie sich wertgeschätzt und kraftvoll in unserer Ehe fühlt. Ich fühle mich erfüllt, weil ihr Erfolg Teil meines Traumes und meiner Aufgabe als Ehemann ist. Ich bekomme auch immer mehr Berichte von Menschen zu hören, die erzählen, wie sich ihr Leben durch den Kontakt und den Einfluss meiner Frau verwandelt hat. Das spornt mich an, schneller zu laufen und größere Dinge zu tun. Ich wachse selbst und erhalte am Ende Lob für ein Wachstum, das in Wirklichkeit die direkte Konsequenz davon ist, dass ich auf meine Frau gehört habe."

Andy gibt ehrlich zu, dass das Wachstum, das er erlebte, weil er mit Janine gemeinsam leitete, nicht immer bequem war. Er hat gelernt, die produktive Spannung zu lieben und zu nutzen, die dadurch entsteht, dass er sie um ihre Meinung und Perspektive bittet, die häufig anders ist als seine. „Ich liebe ihre Lehren", sagt er. „Sie bringt eine Sichtweise und eine praktische Offenbarung mit, die dazu führt, dass etwas vom Kopf ins Herz gelangt. Sie macht das auch mit mir persönlich, wenn ich ihr meine Ideen vortrage, egal ob ich meine eigenen Predigten plane oder vor persönlichen Herausforderungen, bzw. vor Herausforderungen mit Menschen stehe. Oft mag ich ihre Meinung nicht, wenn ich sie zum ersten Mal höre, weil sie sich so sehr von meiner unterscheidet und Veränderungen erforderlich macht. Demut macht dem männlichen Ego keinen Spaß. Doch ich habe gelernt, dass ich sehr profitiere, wenn ich geduldig bin und zuhöre – vom Besprechungsraum bis hin zum Schlafzimmer!"

„Meine Bedeutsamkeit wird größer, wenn ich mein Leben dafür einsetze, dass sie strahlen kann", bestätigt Andy. „Ich fühle mich vollkommen wohl damit, dass Janine im Mittelpunkt steht und dadurch Leben verwandelt werden.

Ich liebe das! Dies ist unsere gemeinsame Berufung. Es macht total viel Spaß zu sehen, wie sie ‚es bringt'. Ich sitze dann einfach da und sage: ‚Wessen Frau ist das?' Es macht total Spaß, sie zu ermutigen und zu sehen, wie sie aufsteht und zu der Person wird, die sie von Geburt an sein sollte. Das ist auch extrem sexy! Meine Ehe *ist* mein Dienst. Janine hat mich die Prioritäten des Himmels gelehrt – die Priorität der Familie. Ich habe wie Moses gelernt, dass ich lieber in der Wüste mit diesem Volk sterben würde, als alleine in mein ‚verheißenes Land' zu gelangen. Ich bin dazu berufen, *mit* meiner Frau und meiner Familie voranzugehen, so wie Gott sich dafür entschieden hat, *mit* mir zu gehen."

Eine Pastorin, nicht nur die Frau eines Pastors

Es ist nicht immer der Fall, dass die Frau eines Pastors begabt und berufen ist, um selbst als Pastorin zu leiten, doch auf die Leiter Steve und Wendy Backlund trifft das zu. Die Backlunds dienten siebzehn Jahre lang als Hauptpastoren von zwei Ortsgemeinden, bevor sie begannen, mit Global Legacy zu arbeiten, der administrativen Organisation, die das apostolische Netzwerk der Bethel-Gemeinde beaufsichtigt. Sie sind heute beide Autoren und reisen sehr viel, um zu predigen und Gemeindeleiter zu beraten.

Steve erzählt aus der Zeit, als sie Gemeinde-Pastoren waren: „Wendy predigte regelmäßig, nahm rege an den Ältestentreffen teil und half, die Gemeinde auf den richtigen Kurs zu bringen. Ich habe aus erster Hand die

Vorteile einer vollmächtigen Frau im Gemeindeleben miterlebt."

Dennoch wären Wendys Leitungsbegabungen vielleicht unterentwickelt geblieben, wenn Steve sie nicht schon früh bevollmächtigt hätte, damit sie diese auch nutzte. „Ich muss zugeben, dass ich niemals als starke Frau eingeordnet worden wäre, wenn er nicht diesen Einfluss auf mein Leben gehabt hätte, denn früher war ich schüchtern und lieber im Hintergrund", sagt Wendy. „Durch Gott und die Ermutigungen meines Ehemanns konnten sich meine wahren Gaben und Berufungen auf eine gesunde Weise entfalten. Mein Mann sehnt sich wirklich danach, dass ich erfolgreich bin, und er ermutigt mich, meine Komfortzone zu verlassen."

„Wendy ist ein ‚Offenbarungs-Automat'", sagt Steve. „Und als sie begann, als Leiterin in Erscheinung zu treten, war das ein bisschen einschüchternd. Ich war es gewohnt, die gesamte Aufmerksamkeit zu bekommen, und nach einer Weile mochten viele Menschen ihren Dienst lieber als meinen! Ich verarbeitete dies auf zweierlei Weise: 1) Ich erkannte, dass sie etwas in sich trägt, das ich nicht hatte und das die Menschen brauchten; und 2) ist sie meine größte Ermutigerin und sagt mir ständig, dass sie nur durch mich so sein kann." Steve erkennt heute, dass „eine kraftvolle, gesunde Frau auch stark auf dich selbst zurückstrahlt und dass sie dein Leben leichter und fruchtbarer macht."

Wendy bestätigt dies: „Als Team können wir mit weniger Aufwand mehr erreichen. So wie ich von seinen Gaben profitierte, profitiert er heute von meinen Gaben.

Ich spüre nie einen Konkurrenzkampf bei ihm, weil er ernsthaft glaubt, dass wir ein Team sind."

Steve hat einen Grundwert in seinem Dienst und seiner Ehe: „Es ist wichtiger, Menschen zu entwickeln als meine Ziele oder Visionen voranzutreiben." Dieser Glaube motiviert ihn, Wendy zu bevollmächtigen, indem er „...an sie glaubt und ihr Möglichkeiten schafft. Ich habe sie regelmäßig eingeladen zu predigen, habe ihre Entscheidungsfindung beeinflusst und sie auf Erfolgskurs gebracht, indem ich gute Menschen um sie platziert habe, die ihr helfen, ihre Träume zu erreichen." Steve beschützt seine Frau auch, indem er „sehr aufmerksam auf ihre Belastbarkeit achtet und auf Dinge oder Menschen, die ihr Wohlbefinden bedrohen. Ich ermutige sie, Dinge zu tun, aber ich versuche auch zu erkennen, wann es an der Zeit ist zu sagen: ‚Du brauchst Ruhe. Ich werde mich darum kümmern.'"

„Wendy ist sehr stark", sagt Steve. „Sie ist sich ihrer Identität in Christus und als Leiterin sicher. Sie hat nicht das Gefühl, dass sie anderen etwas beweisen muss. Sie hat eine hochrangige Salbung, die sowohl Männer als auch Frauen extrem beeinflusst. Sie ist eine großartige Leiterin. Menschen folgen ihr, weil sie ihre Sprache spricht und sie eine Beziehung zu ihr haben können. Sie ist dort, wo die Leute sein wollen, deshalb folgen sie ihr."

In der Gemeinde und in der Wirtschaft leiten

Sadie Hess ist die Gründerin von Compass SLS & ILS, einem medizinischer Dienstleister für Erwachsene mit

Behinderungen, der heute in drei verschiedenen Städten in Kalifornien arbeitet. Sadie hatte ihre Karriere bereits mit viel Elan vorangetrieben, als ihr Ehemann Eric in ihr Leben trat. Sie sagt, dass es für sie besonders beeindruckend war, dass er nicht durch ihre starke Persönlichkeit, ihre Ambitionen und ihren Erfolg eingeschüchtert war. „Ich wusste, dass er ‚der Richtige' war, als er zu einer meiner Veranstaltungen kam, wo ich vollmächtig und verantwortlich war, und er sich offensichtlich dabei wohlfühlte, dass ich glänzte", sagt sie. „Wir waren damals nur Freunde, und er achtete darauf, dass ich ein Glas Wasser hatte und fand auch andere Wege, um mir zu helfen. Dieses Glas Wasser war der Beginn eines Musters – es zeigte seine Bereitschaft, an meiner Seite zu sein, mir zu helfen und mir einen sicheren Ort zu bieten, an dem ich Dampf ablassen, mich austauschen und reflektieren kann."

„Eine andere Situation, in der ich erkannte, dass ich den richtigen Mann für mich gefunden hatte, war, als er sich zum ersten Mal für mich einsetzte", fährt Sadie fort. „Er hatte unabsichtlich meine Gefühle verletzt und mich vor anderen in Verlegenheit gebracht, doch als er das erkannte, entschuldigte er sich vor der ganzen Gruppe dafür. Er schaute mir in die Augen und darin sah ich die Stärke, die sagte: ‚Ich meine diese Entschuldigung ernst und ich erwarte, dass du sie annimmst.' Ich erkannte, dass ich einem Mann begegnet war, den ich nicht manipulieren konnte und auf dem ich auch nicht herumtrampeln und ihn entwürdigen konnte. Die meisten starken Frauen sehen öffentliches Bekunden von Fehlern als Schwäche an, doch für Eric war es seine Stärke, die er demonstrierte.

Als er dies tat, wusste ich, dass ich die Situation nicht eskalieren lassen würde, obwohl ich die Macht dazu hatte. Seine Stärke befähigte mich, bessere Entscheidungen zu treffen."

Eric sagt, dass Sadie genau die Art Frau war, nach der er gesucht hatte. „Was ich an ihrer Stärke schätze, ist vielleicht einzigartig für mich, aber sie hat wirklich *so viel* davon. Bevor ich meine Ehefrau kennenlernte, wusste ich, dass ich eine Frau wollte, die ich bewundern und die auf bedeutungsvolle Weise zu unserer Ehe und unserem Leben beitragen würde. Ich wollte kein passives Mauerblümchen. Sie sehen in ihren Blumentöpfen vielleicht schön aus, aber sie tun nicht viel und sie brauchen eine Menge Pflege. Ich bin einfach nicht für solche Frauen geschaffen, und offen gestanden finde ich sie langweilig. Stattdessen wollte ich eine Frau, die Spannung und Abenteuer in unser Leben bringen und die mich herausfordern würde, zu dem Mann Gottes heranzuwachsen, zu dem ich bestimmt wurde. Und das erfüllt Sadie ganz und gar!"

„Sadie abzudecken beinhaltet verschiedene Dinge", sagt Eric. „Zuerst einmal bedeutet es, ihre Träume zu bestätigen und zu ihnen zu stehen, so wie sie das mit meinen tut. Ich stimme ihrer Vision nicht nur zu; ich lasse sie meine aktive Unterstützung spüren, die ihr ein Gefühl der Sicherheit und extra Kraft gibt, die sie braucht, um ihre Arbeit und die Familie in einer guten Balance zu halten. Wenn sie in herausfordernden Situationen meine Stärke spürt, auch wenn ich nur neben ihr stehe, dann fühlt sie sich beschützt und kann besser mit dem fortfahren, was sie gerade verfolgt. Zum zweiten gibt ihr meine Abdeckung ein Gefühl der Stabilität, ein Fundament, auf dem sie arbeiten kann. Wenn sie dazu aufgefordert wurde, vor großen Gruppen zu sprechen, dann habe ich mit Freude beobachtet, dass meine Anwesenheit – wenn ich sie einfach anlächle und ihr sage, wie stolz ich auf sie bin – ihr hilft, die Angst zu ignorieren, dass sie es nicht gut machen könnte, und dann glänzt sie einfach. Drittens gibt es manchmal Zeiten, in denen ihre Leidenschaft ein bisschen mit ihr durchgehen kann. In diesen Situationen kann ich sie liebevoll vom Abgrund wegziehen und sie daran erinnern, was in diesem Moment wirklich wichtig ist. Ich muss aufpassen, dass ich dabei die Wertschätzung und den Respekt beibehalte, denn selbstverständlich wird sie keine Worte von einem diktatorischen Ehemann annehmen. Ich habe diese Fähigkeit schon früh in unserer Ehe entwickelt, als wir uns wie jedes junge Paar durch ein paar Probleme hindurcharbeiten mussten. Ein paar Mal wollte Sadie aus Verletzung und Zorn abschalten. Ich konnte ihr dann sagen: ‚Liebling, ich weiß, dass dies hart ist, aber wir müssen eine Lösung dafür finden, sonst wird unsere Ehe nicht so, wie wir sie uns wünschen.' Sogar eine so vollmächtige und starke Frau wie sie hörte auf mich und konnte mir, anstatt ihren Gefühlen folgen. Ich muss dieses Werkzeug nicht sehr häufig anwenden, aber wenn ich es tue, dann respektiert sie es."

„Eric ist unermüdlich um unsere Verbindung bemüht", sagt Sadie. „Er fordert mich nicht nur auf, meine Gedanken mitzuteilen, was mir leicht fällt, sondern auch meine Herzensanliegen auszusprechen, und das fällt mir nicht leicht. Es gibt Zeiten, in denen ich mich verschließe oder im Zorn etwas sage, und dann denkt das kleine Mädchen in mir: ‚Bitte, Eric, versuch es noch ein Mal.' Und jedes Mal tut er es, und ich fühle mich befreit aus dem Turm, in den ich mich selbst eingesperrt hatte. Er lässt mich nicht in meiner harten Schale bleiben. Er hilft mir, zu meiner verletzlicheren Seite durchzubrechen. Manchmal weiß ich nicht, aus welcher Richtung seine Korrektur kommt. Dennoch bin ich dankbar, denn so will ich sein – sowohl verletzlich als auch frei."

Eric schätzt auch Sadies Impulse in seinem Leben und er stützt sich darauf. „Als wir unsere Beziehung begannen, sprach Gott zu mir und sagte: ‚Eric, es gibt ein paar Dinge, die ich dir nur durch sie sagen werde.' Ich bin sehr dankbar, dass der Herr mir dieses Wort gab, denn ich habe festgestellt, dass Sadie viel Weisheit und tiefen Einblick hat, und wenn Gott mich nicht vorbereitet hätte, dann wäre ich vielleicht weniger offen für ihren Einfluss gewesen. Ich bin ein Redner und ein Leiter, und als wir anfangs verheiratet waren, fühlte ich mich bedroht oder klein, wenn ich mich persönlich oder beruflich ihrer Belehrung oder ihrem Einfluss fügte", gibt er zu. „Ich musste erkennen, dass nur weil meine Frau Weisheit und Einblick in meine Situation hatte und *ich diese Weisheit nicht selbst bekam*, bedeutete das nicht, dass ich weniger würdig für ihre Liebe und Bewunderung war. Im Gegenteil, wenn ich auf sie hörte und etwas von ihr annahm, dann bestätige ich sie und zeige ihr, dass ich sie wertschätze und respektiere."

In ihren ersten Ehejahren hatten Eric und Sadie getrennte Karrieren, doch während Sadies Firma Wachstum und Erfolg erlebte, musste Eric mit Rückschlägen und

Schwierigkeiten in seiner Karriere kämpfen. Dies enthüllte einige seiner Unsicherheiten: „Wie die meisten Männer sah ich meinen beruflichen Erfolg (oder den Mangel dessen) als Mittel an, um den Respekt meiner Frau zu gewinnen. Irgendwann erkannte ich, dass, nur weil sie erfolgreich im Beruf war und ich zu kämpfen hatte, dies nicht bedeutete, dass ich weniger Respekt verdiente, auch nicht von ihr. Der Durchbruch für mich war die Offenbarung, dass ich Ehre verdiene, weil mein Papa sagt, dass ich wertvoll bin. Ihr beruflicher Erfolg hat keine Bedeutung für meinen inneren Wert oder meine Autorität. Als ich ihr zeigte, dass ich trotz meiner beruflichen Rückschläge oder Erfolglosigkeit immer noch ihren Respekt erwartete und außerdem mit mir selbst in schwierigen Situationen umgehen konnte, fühlte sie sich sicher und konnte sich meiner geistlichen Autorität zu Hause unterordnen."

Eric und Sadie sind heute Partner im Berufsleben, im Dienst und in der Erziehung ihrer drei Kinder. „Heute haben wir ein ungewöhnliches Leben und eine ungewöhnliche Berufung, in der wir die meisten öffentlich sichtbaren Aufgaben gemeinsam machen", sagte Eric. „Wir lehren und leiten Teams gemeinsam. Dennoch habe ich großen Respekt vor Sadies Gaben, die meine übertreffen. Zum Beispiel ist sie eine bessere Visionärin und eine bessere Problemlöserin als ich. Dies bestätigt sich sogar in unseren geistlichen Gaben. Sie ist sehr prophetisch begabt und ihre Salbung ist sehr stark. Wenn ich dafür sorge, dass sie sich in einem Umfeld sicher und beschützt fühlt und dann an ihrer Seite bin, bzw. tatsächlich hinter ihr stehe und für sie bete, wird der Heilige Geist auftauchen und durch sie erstaunliche Offenbarungen ans Licht bringen. Es ist so, als ob meine Anwesenheit hinter ihr eine Presche schlägt. Und dann wird meine prophetische Salbung aktiviert und ich bekomme die Auslegung für das Wort, das sie empfängt, so dass ich ihr helfen kann, der Person das weiterzugeben, was der Vater sagen will. Unser Dienst als Team ist sehr kraftvoll, und er beginnt normalerweise damit, dass sie das Wort empfängt."

„Wenn sie dort draußen sichtbar vor den Leuten steht, dann finde ich sie absolut heiß und sexy", fügt Eric hinzu. „Ich liebe es, wenn andere Menschen den Schatz in ihr sehen, den ich sehe. Und es fühlt sich für mich wirklich gut an, dass – naja ‚diese Schnecke' zu mir gehört."

Getrennte Dienste leiten

Stephen K. De Silva ist der leitende Finanzdirektor der Bethel-Gemeinde, der Gründer von „Prosperous Soul", einem Finanztrainingsdienst, und der Autor von vielen „Prosperous Soul"-Hilfsmitteln, inklusive des Buches *„Geld und die gesunde Seele"*. Stephens Frau Dawna ist die Mitgründerin und Leiterin von Bethel Sozo, einem Befreiungsdienst, der seit seiner Gründung 1997 in zweiunddreißig Staaten der USA und fünfzehn verschiedenen Ländern etabliert wurde.

„Ich kenne Dawna, seit sie elf Jahre alt war", sagt Stephen. „Ich habe zugesehen, wie sie der Star jedes Sportteams im Softball, der Liebling von den Verwaltungsangestellten und von ihren Klassenkameraden war. Sie ist *beschwingt* durch ihre Gaben! Dawna ist eine begabte Leiterin, und heute leitet sie ein riesiges lokales, regionales und internationales Team von selbstmotivierten Laienmitarbeitern. Männer und Frauen folgen bereitwillig Dawnas Leitung, und ihre Effektivität wird durch die gleichbleibende Qualität ihres Dienstes sehr deutlich, der das Transformation Center [Bethels Zentrum für innere Heilung und Seelsorge, das auf Bethel Sozo basiert] durchströmt hat. Sie sieht Dinge deutlich, trifft normalerweise gute Entscheidungen und ich schätze besonders ihre Zuversicht in das, was sie glaubt. Dawna ist weise und gesalbt. Ich schätze ihre Meinung. Und sie ist eine schöne Frau."

Dawnas Wachstum als Leiterin, das ein immer intensiveres Reisen erforderlich machte, war anfangs eine Belastung für ihre Familie. „Als Dawna mit dem Reisedienst begann, war das anfangs sehr schwer für mich", gibt Stephen zu. „Unsere Kinder waren jung und ihre sozialen Bedürfnisse schufen eine echte Herausforderung, besonders durch meinen eigenen Druck bei der Arbeit. Und Dawnas Reisen produzierten auch Stress auf unsere damaligen Prioritäten. Es beeinflusste unsere Kinder und meine eigene Energie. Doch Dawna arbeitete unermüdlich daran, sich im Voraus auf die Reisen vorzubereiten. Ich beobachtete ihre Bemühungen zu helfen, und ich begann zu verstehen, dass ich genauso sehr ein Teil ihrer Reisen war wie sie. Sie war an der Front, doch ich befähigte sie zu gehen. Ich war auch ihr Fürbitter, denn ich wusste, dass ihr Erfolg in nicht geringem Maße eine Folge meiner Abdeckung, meines Segens und meiner Gebete war. Wir wurden ein Team."

Dawnas Wachstum hatte sie nicht nur herausgefordert, ihre Teamfähigkeiten als Paar zu entwickeln, es hatte auch Stephen ermutigt, selbst als Leiter weiter zu wachsen. „Ich lernte, dass meine Unsicherheiten eher etwas mit mir als mit ihr zu tun hatte", sagt er. „Sie ‚bewegte' etwas. Und die Frage, die mir der Heilige Geist stellte, lautete: ‚Okay, und was wirst du tun, um ebenfalls etwas zu bewegen?' Während Dawna unterwegs war, lernte ich zu leben – mich nicht von ihr zu entfernen, sondern meine eigene Bedeutsamkeit zu entwickeln und auszufüllen."

Obwohl sie als Paar im Vergleich zu anderen eine nicht unbeträchtliche Zeit getrennt voneinander verbringen, empfindet Stephen, dass er Dawna sehr aktiv bevollmächtigt, abdeckt und beschützt. „Meine Frau zu bevollmächtigen ist für mich eine Sache der *Förderung* und der *Ermöglichung*. Unter Förderung verstehe ich, ihr die Gelegenheiten für Wachstum und Erfolg zu bieten. Unter Ermöglichung verstehe ich, Hindernisse aus dem Weg zu schaffen, Hilfe anzubieten und meinen Teil der Last zu tragen. Es bedeutet nicht, dass ich sie in Positionen bringe, für die sie nicht bereit oder nicht qualifiziert ist – sie muss ihre Stelle selbst ausfüllen. Aber ich passe bewusst und proaktiv auf unsere Kinder auf, damit sie ‚etwas bewegen' kann. Ich mache viele Überstunden, um Geld zu verdienen, wenn ein entstehender Sozo-Dienst Finanzen aus unserem Familienbudget abgezogen hat, und ich akzeptiere weiterhin die einsamen Stunden, während sie reist. Ich habe sie auch abgedeckt, indem ich einen sicheren Ort für sie geschaffen habe, an dem sie versagen oder schwach sein kann. Harte Zeiten und Druck pressen das Schlimmste aus unserem Besten heraus. Es gab Zeiten, als Dawna viel weinte, unsicher oder ärgerlich war. Sie ist eine Leiterin und eine vollmächtige Dienerin Gottes, doch sie ist auch eine Frau. Es gibt Zeiten, in denen sie nicht heldenhaft ist, und dies sind die geheimen Zeiten, in denen ich ihr zärtlicher Held bin. Und ich habe sie beschützt, indem ich ihre schwachen Seiten verteidige. Es geschieht so oft, dass gerade Liebende den meisten Schaden anrichten, weil sie die Schwächen des anderen kennen. Dawna zu beschützen bedeutet, ihre Flanke zu bewachen, sogar vor mir selbst, falls es notwendig ist. Es ist so leicht für andere, gedankenlos mit Kritik um sich zu werfen; ich verteidige ihre Integrität in diesen seltenen Momenten."

Eine Nation verwandeln

Rolland und Heidi Baker gründeten Iris Ministries als junge Missionare und frisch Verheiratete im Jahr 1980. Heute stehen sie an vorderster Front von einer der am schnellsten wachsenden Erweckungen, die Wiederherstellung und Erneuerung in das Land Mozambique bringt. Iris hat ein Missionsschule, tausende von Gemeinden, Schulen, Kliniken, Waisenhäuser und viele Gemeindeprojekte wie z.B. Brunnenbohrungen ins Leben gerufen, die sie nun leiten. Als leidenschaftliche Predigerin mit einem Talent für Sprachen hat Heidi die sichtbarere Rollen in der Leiterschaft des Dienstes eingenommen. Sie hat heute einen extrem vollen Terminkalender, lehrt sowohl im Busch als auch auf der ganzen Welt in Gemeinden, Bibelschulen und auf Konferenzen.

„Heide ist schon seit früher Kindheit eine starke, beharrliche, unabhängige Leiterin mit starker Initiative", sagt Rolland. „Ihre Mutter beschreibt, wie sie ihre Klassenkameraden im Schulhof herumkommandiert hat, um Spiele zu organisieren. Sie blühte auf, als sie als ausländische Austauschschülerin ihr Zuhause verließ, und sie ging dabei vielen verschiedenen Interessen nach. Als sie mit dem Heiligen Geist erfüllt war und die Berufung zum vollzeitlichen Dienst bekam, predigte sie allen, die zuhören wollten, obwohl sie in ihrem Umfeld nie zuvor von weiblichen Predigern gehört hatte. Nachdem sie von schwerer Dyslexie geheilt worden war, wurde sie ein Profi im Schnelllesen, damit sie auf dem College mehr Zeit im Dienst verbringen konnte. Sie absolvierte die Kurse von zwei Jahren in einem, um schneller aufs Missionsfeld zu kommen. Sie war Gott gehorsam, egal was es kostete, und sie fürchtete sich nicht, ein Leben aus dem Glauben zu führen. Sie bekam von Gott ein Mandat, als Pastorin und Missionarin in Asien, England und Afrika zu dienen, und sie hat nie zurückgeschaut, egal welche Hindernisse oder Kritik auftauchten. In Mozambique gibt es nur wenige Frauen in der Gemeindeleitung, doch auch die stärksten Männer, inklusive ehemalige Militäroffiziere, die für die Ermordung von tausenden von Menschen während der Kriege in Mozambique verantwortlich waren, folgten bereitwillig und buchstabengetreu Heidis Leiterschaft. Ich frage Pastoren in Mozambique: ‚Akzeptiert ihr Frauen in der Leitung in eurer Kultur?' Sie sagen: ‚Nein.' Dann frage ich: ‚Was ist mit Heidi?' Sie sagen: ‚Oh, sie ist anders. Wir wissen, dass sie uns liebt!' Sie ist fähig, stark und dennoch liebend und in höchstem Maße weiblich zu sein – eine hervorragende Leistung."

Als ich Rolland fragte, wie es aussieht, Heidi zu „bevollmächtigen" und „abzudecken", sagte er: „Heidi braucht keine spezielle ‚Abdeckung' oder ‚Schutz', außer der einfachen, normalen Liebe, die das ohnehin tut. Unsere Ehe und unser Dienst stehen nie in Konkurrenz zueinander, und wir sind beide maximal bevollmächtigt, so wie Jesus sich das durch unsere verschiedenen Gaben und Betonungen wünscht. Gott gleicht alles aus, und wir sind uns beide vollkommen bewusst, wie sehr wir einander brauchen."

„Wir haben uns entschlossen, keine wichtige Entscheidung ohne Übereinstimmung zu treffen, und ich habe keine Freude daran, mich über sie hinwegzusetzen", fährt er fort. „Heidi ist eine der sehr seltenen prophetischen Stimmen, der ich vollkommen vertraue. Sie folgt Jesus mit einem reinen Herzen und in einer naiven, kindlichen Weise, die frei von ambitionierten Zielen ist. Dabei verpasst sie fast nie die Stimme des Herrn, und sie behauptet auch nicht, sie zu hören, wenn das nicht der Fall ist. Die Frucht ihres Gehorsams bestätigt ihre Erfahrungen mit Gott und die Richtungsweisung, die sie empfängt. Deshalb respektiere ich sie und höre auf sie, wie ich das bei jedem reinen Kind Gottes tue, männlich oder weiblich. Ich werde nichts gewinnen, wenn ich das nicht tue."

Frauen in Leiterschaft

Ich bat jeden dieser Männer, mir ihre Meinung darüber zu sagen, was sie als Partner von weiblichen Leitern über die Leitung von Frauen in der Gemeinde dachten. Es war nicht überraschend, dass sie alle übereinstimmten, dass qualifizierte Frauen leiten können und sollten, und dass der Leib Christi nur gewinnen kann, wenn er die Gaben Gottes annimmt, die Er ihnen gegeben hat.

„Auf jeden Fall [sollten berufene und begabte Frauen leiten]", sagte Rolland. „Sie wurden von Gott ausgewählt und nicht von Menschen zum Standard erhoben worden. Die Kirche hat im Verlauf der Geschichte fortlaufend Offenbarung darüber erhalten, dass es ‚weder Mann noch Frau' gibt. Dass sie eine Frau ist, ist Nebensache. Gott in ihr macht den Wert aus! Wir müssen die Kraft Gottes das Problem lösen lassen. Es geht immer um Liebe und Selbstlosigkeit."

Stephen sagte: „Die verschiedenen Geschlechter bringen eine unterschiedliche Ausdrucksweise von Kraft und Einfluss mit sich, wie Farben die Vielfalt in einen Blumengarten bringen. Doch ich erkenne Frauen ganz einfach als Gleichberechtigte und fühle mich wohl dabei. Ich kann mir nicht vorstellen, dass eine Frau nicht gleichberechtigt ist, und ich toleriere keine rückständige Meinung über die Unterlegenheit eines Geschlechts. Ich glaube, dass jeder Leiter charakterliche Herausforderungen bestehen muss, wie Ehrlichkeit und Integrität, aber keine dieser Fähigkeiten ist geschlechtsspezifisch."

„Die Frage der weiblichen Gleichberechtigung sehe ich als ein Thema an, das vor vielen Jahren beantwortet wurde", fährt Stephen fort. „Offen gesagt ermüdet es mich, die ständigen Diskussionen über diese Botschaft zu hören, weil sie uns *zurückwerfen* und nicht weiterbringen. Natürlich verstehe ich, dass diese Diskussion für viele Männer und Frauen notwendig bleibt. Doch das ganze Thema fühlt sich wie ein Echo aus der Vergangenheit an, wie die Theorie der flachen Erde, und es ist repräsentativ für die traurige Bemerkung, dass die Nachfolger Christi in einem Problem feststecken, wenn sie eigentlich führen sollten."

„Als Paulus schrieb: ‚Es gibt weder Mann noch Frau', meinte er entweder das oder er meinte es nicht", sagt Eric. „Obwohl ich denke, dass es in der Familie eine Struktur gibt, die Gott entworfen hat, glaube ich nicht, dass Gott jemals dachte, dass Frauen keine Autorität über Männer außerhalb der Familie haben sollten. Dies ist ein Bereich, in dem die Kirche weit hinter der ‚Welt' zurückliegt. In beinahe allen Ebenen der Gesellschaft – in den umsatzstärksten Unternehmen, in der Politik, im Bildungswesen, usw. – haben Frauen demonstriert, dass sie genauso viel Autorität haben und genauso effektiv wie Männer sein können. Die Fähigkeit, Menschen gut zu leiten oder positive Ergebnisse zu erzielen ist in der Wirtschaft nicht an das Geschlecht gebunden. Warum sollte Gott dann diese Art Grenzen um Seinen Teil der Wirtschaft, Seine Gemeinde, ziehen?"

„Wenn du nicht auch unter starken Frauen sitzt, dann wirst du nur die Hälfte verstehen", sagt Steve Backlund schlicht und einfach. „Frauen wickeln Dinge anders ab, und wir brauchen ihre Perspektive."

Skyler stimmt dem zu. „Wenn du dein ganzes Leben lang nur unter Männern arbeitest, dann bekommst du auch immer nur eine ähnliche Perspektive zu bestimmten Themen", sagt er. „Wenn du in dieser Situation unter einer

Frau stehst, dann erhältst du eine andere Sichtweise. Es gibt unzählige Vorteile davon, verschiedenen Perspektiven zu haben, aus denen man Erkenntnisse gewinnen und sich eine eigene Meinung bilden kann. Warum sollte man nicht differenzieren und diese Erkenntnis gewinnen wollen?"

Andy Mason bestätigt ebenfalls, dass man, wenn man Frauen im Leitungsteam hat, „... eine Perspektive erhält, die man niemals nur von Männern erhalten könnte. Außerdem gewinnen Beziehungen einen größeren Einfluss und Umfang – zum Beispiel Barmherzigkeit, Versorgung und die Herzensthemen, die an den meisten Männern vorbeigehen. Man wird herausgefordert, tiefer zu gehen, mehr Einfluss zu nehmen und intensiver zu lieben. Und man wird eine Verbindung zum Ganzen (als Einzelne und als Gesamtheit) entwickeln, anstatt sich nur auf bestimmte Bereiche oder ein Gebiet zu konzentrieren."

Von Stärke zu Stärke

Im nächsten Kapitel werden wir einige praktische Möglichkeiten entdecken, wie wir als Leib Christi anfangen können, die Frauen Gottes in unseren Ehen und Gemeinden zu bevollmächtigen. Doch zum Abschluss möchte ich euch – besonders euch Männern – noch einige letzte Worte der Ermutigung von diesen Männern aus Sprüche 31 mitgeben.

„Wenn du keine Beziehung zu einer vollmächtigen Frau hast, dann fasse Mut und strecke dich danach aus", sagt Skyler. „Sie wird dich herausfordern und dich dazu bringen, dass du selbst ein besserer Leiter und ein vollmächtigerer Mann wirst. Es wird dazu führen, dass du lernst, wie man mit vollmächtigen Menschen kommuniziert und umgeht. Es wird dich dazu bringen, dass du auf verschiedensten Ebenen wächst."

In einer Ehe mit einer starken Frau, sagt Andy, „… wirst du eine tiefere Verbindung und Beziehung entwickeln – größere Intimität. Die Vorteile für das Sexualleben eines Mannes sind immer ein großer Motivator! Du wirst glücklicher, kreativer und ausdrucksstärker sein. Du wirst erkennen, wie jemand zu der Person wird, wozu sie geboren wurde, und das ist belebend! Es wird dich weit mehr formen, als wenn du eine Beziehung mit einem Fußabtreter, einer Ja-Sagerin oder einer kraftlosen Kreatur gehabt hättest."

Stephen stimmt zu: „Mit einer kraftvollen Frau verheiratet zu sein, erniedrigt dich nicht; es vergrößert dich. Erwarte, dass du herausgefordert wirst und bereite dich darauf vor, selbst zu wachsen, um dranzubleiben. Ich glaube, dass ein Paar, im Bild gesprochen, nur so hoch hinaus kann, wie die Decke des kleinsten Partners ist. Gott hält unseren Himmel offen, wenn wir bereit sind, als Einzelne und als Paar zu wachsen. Empfange eine Vision!"

Steve Backlund sagt: „Feiert eure kraftvollen Frauen, werdet ihre größten Cheerleader und macht euch dann bereit für das Abenteuer eures Lebens! Streckt euch nach radikalem Wachstum aus und blüht in den Bereichen auf, die euch im Leben oder im Dienst lebendig werden." Rolland wiederholt diese Ermahnung an die Männer: „Freut euch an ihr und erwartet, dass Gott zur rechten Zeit auch durch euch handeln wird!"

Kapitel acht

ERLAUBNIS ZUR STÄRKE

Der Feind hat einen besonderen Hass auf die Frauen – seit Gott prophezeite, dass eine Frau eine Schlüsselrolle bei seiner Überwindung spielen würde:

„Und ich werde Feindschaft setzen zwischen dir und der Frau, zwischen deinem Samen und ihrem Samen; er wird dir den Kopf zermalmen, und du, du wirst ihm die Ferse zermalmen" (Gen 3, 15).

Weil Gott eine Frau auserwählte, um den Erlöser in die Welt zu bringen, erklärte der Teufel den Frauen den Krieg. Aus geistlicher Sicht ist dies der Grund dafür, warum wir eine Geschichte voller unterentwickelter und missbrauchter Frauen haben. Der Teufel hat sehr hart daran gearbeitet, die Männer zu überzeugen, dass Frauen gefürchtet und unterdrückt werden müssen. Offen gesagt hat er die Männer im Verlauf der Geschichte wirklich sehr gut dafür gewinnen können, diesen Krieg gegen Frauen aufrechtzuerhalten.

Doch trotz seiner bösartigen und unermüdlichen Kampagne konnte der Teufel nicht verhindern, dass die Prophezeiung wahr wurde. Maria empfing das Wort durch den Engel Gabriel, dass sie den Samen Gottes empfangen und schwanger werden würde (siehe Lk. 1, 26-38). Gott legte die Lösung für die Hoffnungslosigkeit der Menschheit, nämlich den Meister, der schließlich den Betrüger überwinden und seinen Krieg beenden würde, in eine Frau hinein – ohne Beteiligung eines Mannes.

Wir können dies leicht übersehen, weil wir das Ende der Geschichte kennen, doch für Maria war das eine sehr ernüchternde Offenbarung. Sie untergrub alles, was sie durch das religiöse System und das patriarchalische Paradigma gelernt hatte. Sie wusste, dass die Konsequenzen verheerend sein konnten. Das Gesetz befahl, dass jeder, der Ehebruch beging, zum Tode verurteilt wurde (siehe 3. Mose 20, 10). Maria wusste, dass sie als Ehebrecherin angesehen werden würde. Keine andere Jungfrau hatte jemals auf übernatürliche Weise ein Kind vom Himmel empfangen. Als Maria ja zu Gottes Plan sagte, begab sie sich in eine Position, in der ihr Spott, Ächtung und eine sehr reale Gefahr drohte.

Bezeichnenderweise bedeutet der Name Maria, der von dem hebräischen Namen *Miryam* kommt, „ihre Rebellion".[66] Indem sie den Samen Gottes trug, wurde Maria zum Symbol der Rebellion in ihrer Kultur. Und

---

66   Blue Letter Bible, s.v. "Maria" (Strong's Hebrew #3137); www.blueletterbible.org/lang/lexicon/lexicon.cfm?Strongs=G3137&t=KJV

obwohl Maria ohne einen Mann schwanger wurde, *brauchte* sie die Hilfe eines Mannes, um einem der strengsten Kultursysteme auf diesem Planeten entgegenzutreten. Sie brauchte einen Partner, der sie beschirmen und beschützen würde, während Gottes Plan in Erfüllung ging.

Um der Mann zu sein, den Maria brauchte, musste Josef an sie glauben. Er musste an Gott glauben – der, Gott sei Dank, ebenfalls einen Engel sandte, sonst hätte er Maria niemals geglaubt (siehe Mt. 1, 18-25). Er musste die volle Wucht des kulturellen Stigmas ertragen, weil er eine unkeusche Frau heiratete und seine eigene, tiefsitzende kulturelle Erziehung überwand. Und er tat es. Josef trotzte gemeinsam mit Maria seiner Kultur. Er heiratete sie und stand zwischen ihr und der Frucht, der Gefahr und der Verdammnis. Er gab sogar sein Recht auf, mit seiner jungfräulichen Braut intim zu werden, um das zu beschützen, was Gott durch sie tat. Josef war wirklich ein treuer und mutiger Mann!

Gemeinsam beschützten Maria und Josef den Samen Gottes in Marias Leib und ermöglichten damit, dass Seine Lösung für die Probleme der Menschheit eine feindliche Welt betreten konnte. Als Team gaben sie der Gegenwart Gottes auf eine Weise Raum, die die Welt für immer veränderte. Wenn wir den ursprünglichen Plan der Schöpfung bedenken, dann ist es keine Überraschung, dass Gott einen Mann und eine Frau gebrauchte, die in Einheit mit Ihm und miteinander vorangingen, um Seinen Plan der Erlösung in die Welt zu bringen.

Was mit Maria und Josef geschah, war nur der Anfang. Ich glaube, dass Frauen immer noch eine besondere Rolle in

Gottes Erlösungsplan spielen. Unsere männerdominierte, am patriarchalischen Paradigma orientierte Welt braucht die Samen Gottes, die in Frauen verborgen sind. Er sucht nach Frauen, die sich den kulturellen Normen und Beschränkungen widersetzen, um etwas zum Vorschein zu bringen, das eine Generation verändern wird. Er sucht nach Frauen, die sich weigern, auf Traditionen zu hören und ohne Furcht dem Ruf Gottes in ihrem Leben gehorchen. Doch Frauen können in diese Freiheit und Vollmacht nicht alleine hineinkommen. Sie brauchen treue Männer, die mit ihnen gehen und sie bevollmächtigen, um inmitten des Sturmes der kulturell verwurzelten Opposition in ihre Bestimmung zu kommen.

Einige Frauen hassen die Vorstellung, dass sie die Hilfe eines Mannes brauchen, doch dies ist genauso falsch wie wenn Männer den Gedanken hassen, Hilfe von einer Frau zu benötigen. Gott schuf uns in Abhängigkeit voneinander. Genauso sehr wie Männer das wertschätzen müssen, was Frauen einbringen, müssen auch Frauen die Hilfe von Männern wertschätzen, wenn sie in ihre Stellungen der Vollmacht und des Einflusses hineinkommen wollen. Es braucht Josefs, um Marias zu haben. Wenn Maria nicht Josef gehabt hätte, dann wäre sie getötet worden oder hätte sich weit weg in der Wüste verstecken müssen. Ihre Gesellschaft hätte sie als Gesetzesbrecherin und Rebellin abgelehnt. Wenn Josef nicht an ihrer Seite gewesen wäre und sie beschützt hätte, dann hätten wir Jesus nicht und auch keine Freiheit auf der Erde. Gott wusste, was Er tat, als Er Maria und Josef als Team zusammenbrachte.

Weder Männer noch Frauen können dies alleine tun. *Wir brauchen einander.* Um den Himmel auf die Erde zu bringen und Jesus der Welt korrekt zu repräsentieren, müssen wir die Einheit wiederherstellen, die Gott für uns von Anfang an geplant hat. Wir müssen als Individuen leben und lieben, die wissen, dass sie gemeinsam stärker sind. Wenn wir das tun, dann wird dies der Anfang von etwas Großem sein, etwas wirklich Außergewöhnlichem. Ich glaube, dass der Herr einen Überraschungsangriff auf den Feind geplant hat, der aus der Richtung kommt, wo Josef Maria beschützt. Mann-Frau-Partnerschaften stehen kurz davor, eine Geheimwaffe auf der Erde freizusetzen.

Befreier werden

Die Männer und Frauen, von denen du im letzten Kapitel gehört hast, sind kraftvolle Vorreiter einer Partnerschaft zwischen Mann und Frau. Sie sind aber auch die Ausnahme im Leib Christi – bei weitem. In der heutigen Kirche existiert ein sehr realer Unterschied bezüglich der Vollmacht zwischen Männern und Frauen. Wir diskutieren nicht länger darüber, ob Weiße und Schwarze oder Reiche und Arme generell einen anderen Wert und andere angeborenen Fähigkeiten haben. (Sicherlich gibt es in einigen Gegenden immer noch eine Klassen- und Rassentrennung, doch es wird nicht länger toleriert, wenn man über den höheren Wert der einen Gruppe gegenüber der anderen diskutiert.) Doch die Unterdrückung der Frauen wird nicht nur immer noch akzeptiert, sie wird sogar öffentlich gelehrt und von einem sehr großen Teil des Leibes Christi leidenschaftlich verteidigt.

Vor nur wenigen Jahren, im Jahr 2009, verließ der ehemalige US-Präsident Jimmy Carter nach über sechzig Jahren seine Gemeinde-Denomination, weil ihn ihre Sicht der Frauen anwiderte. Er nannte seine Entscheidung unvermeidlich, nachdem die Leiter verboten hatten, dass Frauen ordiniert werden und darauf beharrten, dass Frauen ihren Ehemännern untergeordnet sind. Er hatte versucht, die Denomination zu beeinflussen, damit sie ihre Richtlinien änderten, doch er hatte keinen Erfolg. Er schrieb:

Es ist absolut widerwärtig, dass der Glaube, Frauen müssten den Wünschen der Männer unterworfen werden, eine Entschuldigung ist für Sklaverei, Gewalt, Zwang zur Prostitution, für genitale Verstümmelung und für Gesetze in einigen Ländern, die Vergewaltigung nicht als Verbrechen verurteilen. Doch darüber hinaus kostet dies viele Millionen Mädchen und Frauen die Kontrolle über ihren eigenen Körper und über ihr Leben, und es verhindert weiterhin, dass sie einen fairen Zugang zu Bildung, Gesundheit, Arbeit und Einfluss innerhalb ihrer eigenen Gesellschaft haben.

Er fuhr fort und sagte:

Die Wahrheit ist, dass männliche religiöse Leiter die Möglichkeit gehabt haben – und noch immer haben – die heiligen Lehren entweder so zu interpretieren, dass sie Frauen erheben oder unterwerfen. Sie haben sich aus eigennützigen Gründen mit großer Mehrheit für das Letztere entschieden. Ihre fortdauernde Entscheidung bildet die Grundlage, bzw. Rechtfertigung für den Großteil der weit verbreiteten Verfolgung und des Missbrauchs von Frauen auf der ganzen Welt.⁶⁷

Ich stimme Jimmy Carter zu. Dies *ist* heute ein brennendes Thema der Gerechtigkeit, und wir Männer haben die Wahl. Entweder können wir das Evangelium der Freiheit annehmen und Frauen bevollmächtigen, oder wir können die Schrift verwenden, um unsere Ängste zu bevollmächtigen und Frauen zu unterdrücken. Wollen wir die Verantwortung übernehmen oder in der Nachhut mitlaufen? Ich will die Verantwortung übernehmen. Hoffentlich stimmst du mir zu. Allerdings bin ich mir vollkommen bewusst, dass die meisten männlichen Leiter gar nicht wissen, wo sie das Projekt der Emanzipation von Frauen in der Gemeinde beginnen sollen.

Ursprünglich begann der Mann, der zum Großen Befreier wurde, Abraham Lincoln, seine Präsidentschaft ohne eine Strategie für die Befreiung der Sklaven. Ich glaube, dass die Ereignisse, die dazu führten, dass er eine Strategie erhielt, uns einen Schlüssel bieten können, um unsere eigene Strategie zu entwickeln.⁶⁸ Lincoln begann sein Amt als großer Politiker, der in Wirklichkeit nach einer Möglichkeit suchte, um die Sklaverei im Süden zu beschützen – wenn dies die Einheit der Nation bewahren würde. Lincoln wusste, dass Sklaverei eine Ungerechtig-

---

67 Jimmy Carter, "Losing my religion for equality," The Age (July 15, 2009); www.theage.com.au/opinion/losing-my-religion-for-equality-20090714-dk0v.html?page=-1 (Zugang vom 5. Juni 2012); übersetzt

68 Alle Informationen zu Abraham Lincoln und Franklin Douglass wurden entnommen aus: Doris Kerns Goodwin: Team of Rivals: The Political Genius of Abraham Lincoln (New York: Simon & Shuster, 2006), S. 205-207, 406-407, 497, 551-553, 649-651

keit war, und er wollte nicht, dass sie sich in anderen Regionen des Landes verbreitete. Doch er fürchtete, dass die Nation gespalten würde, wenn er sie komplett verbot. Deshalb schuf er ein Gesetz, das es den neuen westlichen Territorien verbot, Sklaven zu halten, und das die Freiheit im Norden und die Sklaverei im Süden bewahrte. Wenn ein Sklave weglief und im Norden gefangen wurde, dann würde der Sklave zu seinem Besitzer im Süden zurückgeschickt werden. Die Regierung konnte sich nicht in das persönliche Eigentum eines Menschen einmischen. Ihre Aufgabe war es, die Eigentümer zu beschützen, und dies galt auch für die Eigentümer von Sklaven, weil Sklaven als Eigentum betrachtet wurden. Als der Aufseher dieser Regierung diskutierte Lincoln sogar mit den Anhängern der Sklavenbefreiung in seinem Kabinett. Er bestand darauf, dass Sklaven zurück in die Unterdrückung geschickt wurden, weil es seine höchste Priorität war, die Einheit und das Gesetz des Landes zu beschützen. Er versuchte, eine Balance zu schaffen, die jeden zufriedenstellt, doch das funktionierte nicht.

Dies ist eine Seite von Abraham Lincoln, über die wir normalerweise nichts hören, doch so lief die Geschichte ab. Abraham Lincoln bemühte sich intensiv darum, die Institution der Sklaverei zu beschützen, obwohl er glaubte, dass sie falsch war, weil er die Einheit der Nation beschützen wollte. Etwas musste sich in Lincoln verändern, damit er zu dem Mann werden konnte, den wir heute kennen, und diese Veränderung entstand durch eine Beziehung zu einem schwarzen Mann namens Frederick Douglass. Bevor Lincoln Douglass traf, hatte er absolut keine Hoffnung, dass schwarze Menschen in die Gesellschaft integriert werden könnten. Angesichts des verarmten und ungebildeten Zustandes, in dem die Sklaven seit Generationen gelebt hatten, glaubte er nicht, dass sie sich jemals für Arbeitsstellen oder Aufgaben in der Wirtschaft bewerben könnten. Seine einzige Lösung war, die befreiten Sklaven zurück nach Afrika oder Kuba oder Südamerika zu verschiffen. Dann begegnete Lincoln einer Person, deren Existenz er sich nicht vorstellen konnte: einem gebildeten und starken schwarzer Mann.

In dieser Zeit des nationalen Aufruhrs wurde Douglass ein Berater und Freund des Präsidenten, und er führte ihn an eine neue Denkweise heran. Von ganzem Herzen glaubte Lincoln daran, dass alle Menschen Ehre, Möglichkeiten und Hoffnung verdienten. Frederick Douglass sagte sogar: „Abraham Lincoln ist der erste vollmächtige Mann, in dessen Gegenwart ich mich nicht schwarz fühlte."[69] Doch Lincoln arbeitete in einer Regierung, die nicht zulassen würde, dass er diesen Glauben laut aussprach. Nun befand er sich plötzlich in einer Partnerschaft mit einem gebildeten schwarzen Mann, der sich durch außergewöhnliche Möglichkeiten und Verbindungen von der Norm seiner Tage abhob. Lincolns Denken begann sich sehr zu verändern, als er sah, was aus einem ehemaligen Sklaven werden konnte. Statt die Sklaven nach Afrika zu verschiffen, begann er sich vorzustellen, wie sie stattdessen in die amerikanische Gesellschaft integriert werden könnten.

---

[69] Ebd. S. 207; übersetzt

Eine der größten Wandlungen in Lincolns Denken fand statt, als Douglass ihn herausforderte, den befreiten schwarzen Menschen zu erlauben, ihren Patriotismus zu beweisen, um als Soldaten in der Unionsarmee zu dienen. Die Politiker befürchteten, dass die befreiten Männer ihre neue Macht ausnutzen würden, um ihre ehemaligen Unterdrücker umzubringen. Obwohl sie glaubten, dass man schwarze Menschen befreien sollte, waren sie sich immer noch nicht sicher, ob man schwarzen Menschen Edelmut zutrauen konnte. Sie empfahlen, dass man die schwarzen Männer in die Armee einberufen, aber ihnen keine Waffen geben sollte. Glücklicherweise erkannte Lincoln durch seine Beziehung zu Frederick Douglass, dass Freiheit keine Freiheit ist, wenn sie nicht mit Macht einhergeht. Damit diese schwarzen Männer vollwertige Männer sein konnten, mussten sie genauso vollmächtig wie weiße Männer sein. Er verfocht diese Idee, auch wenn viele gegen ihn ankämpften, weil sie Angst vor vollmächtigen schwarzen Menschen hatten. Schließlich wurden sie jedoch überzeugt, als sie sahen, dass die Bewaffnung der schwarzen Soldaten die Reserven des Südens wirksam reduzieren würden. Dies wiederum würde die Chancen des Nordens erhöhen, den Krieg zu gewinnen. Lincolns Glaube wurde belohnt, als seine schwarzen Soldaten ihre Verpflichtung zu einem ehrenvollen Dienst demonstrierten und ihr Leben für ihr Land gaben. Sie verdienten sich während des verbleibenden Krieges großen Respekt.

Als Abraham Lincoln den schwarzen Soldaten Waffen gab, gab er ihnen die Erlaubnis, stark zu sein. Er forderte sie auf, für dieselbe Sache mit denselben Mitteln und derselben Würde zu kämpfen wie die weißen Männer. Dies ist unsere Formel für die Befreiung. Wie Lincoln damals erkennen wir heute, dass die momentane Ungleichheit in der Gemeinde falsch ist. Wir wollen Veränderung; wir wollen sehen, dass Frauen bevollmächtigt werden. Doch wenn wir ehrlich sind, dann fürchten sich viele von uns Männern davor, den Frauen wirkliche Macht zu geben. Es fühlt sich an, als ob man den ehemaligen Sklaven Waffen gibt. Wie Lincoln müssen wir erkennen, dass Freiheit ohne Macht keine Freiheit ist. Frauen werden niemals gleichberechtigt mit den Männern sein, solange ihr Zugang zur Vollmacht eingeschränkt ist. Wenn wir dies erkennen, dann sehen wir auch, dass der Schlüssel zum Sieg in unserem Krieg gegen das Böse – genauso wie bei der Unionsarmee und ihren schwarzen Soldaten – in der Bevollmächtigung der Frauen liegt.

Lernen, kraftvoll zu sein

Neben dem, dass wir den Frauen Vollmacht übergeben, müssen wir auch ihr Denkmuster der Kraftlosigkeit durch ein bevollmächtigtes Denkmuster ersetzen. Wir müssen den Frauen Fertigkeiten vermitteln, damit sie ihre Vollmacht gut einsetzen können. Dabei müssen wir bedenken, dass dies alles nicht über Nacht geschieht und permanenten Widerstand gegen den kulturellen Druck erfordert. Abraham Lincoln unterzeichnete 1863 die Emanzipations-Proklamation. Ein Jahrhundert später hielt Martin Luther King Jr. seine berühmte „Ich habe einen Traum"-Rede und übernahm die Verantwortung für Rassengleichheit und das Ende der Diskriminierung in Amerika. Es dauerte hundert Jahre, um das Gefüge der Unterdrückung endgültig zunichte zu machen – so tiefsitzend war es sowohl in den Unterdrückten als auch in den Unterdrückern. Erst dann konnte eine Mehrheit der Menschen zustimmen, dass die Hautfarbe einer Person nicht den Wert dieser Person definierte. Etwas mehr als fünfzig Jahre später, im Jahr 2008, wurde ein schwarzer Mann zum Präsidenten der Vereinigten Staaten gewählt. Es dauerte 150 Jahre, dass eine Nation den Wandel vom Eigentum bis hin zum Präsidenten vollziehen konnte. Ich bemühe mich intensiv darum, sicherzustellen, dass es für die Frauen in der Kirche nicht so lange dauert.

Obwohl Frauen in der Kirche nicht dieselbe Unterdrückung und denselben Missbrauch wie Sklaven erlebten (zumindest nicht in diesem Land), sind sie doch mit einem Paradigma aufgewachsen, das sie für Leiterschaft und Machtpositionen praktisch nicht ausgerüstet hat. Jahrhundertealte Stoppschilder für Frauen müssen abgebaut werden, damit sie lernen können, an der Seite der Männer zu stehen, dieselben Ausbildungsmöglichkeiten als Leiterinnen zu erhalten und, am wichtigsten, denselben Glauben in ihren Selbstwert und ihre Fähigkeiten zu entwickeln. Ich sage nicht, dass alle Frauen Leiterinnen sein sollten, genauso wenig wie dies alle Männer sein sollten. Diejenigen, die begabte Leiter sind, sollten Leitungsaufgaben haben. Und damit sie erfolgreich sein können, müssen sie als Leiter entwickelt werden und Erfahrungen machen können.

Männer und Frauen brauchen dieselben Entwicklungschancen, damit die Frauen vorbereitet sind, wenn ihre Zeit kommt, um genauso gute Leistungen wie Männern erbringen zu können. Leider habe ich erlebt, dass einige Kirchen in ihrem Wunsch, Frauen zu fördern, zu schnell waren und Frauen befördert haben, die nicht hinreichend ausgebildet waren. Als diese Frauen dann nicht mit dem Druck umgehen konnten oder einfach nicht die notwendigen Fähigkeiten hatten, sah es wie ein Versagen der Frauen aus und nicht wie ein Versagen aufgrund mangelnder Ausbildung. Dies hilft keinem. Wenn wir wirklich daran glauben, dass unsere Frauen bevollmächtigt werden sollen, dann müssen wir ihnen denselben Zugang zu einer Ausbildung und zu praktischen Erfahrungen bieten, den Männer auf ihrem Weg in die Leitung haben.

Die Nuancen der Unterdrückung

Nachdem wir unseren Frauen Vollmacht und die Werkzeuge gegeben haben, um mit dieser gut umzugehen, müssen wir sicherstellen, dass wir die feinen Nuancen der Unterdrückung aufdecken und ansprechen, die immer noch in unserer Gemeindekultur vorherrschen. Dies ist schwierig, weil Nuancen per Definition unterschwellig sind. Sie sind der Ausdruck unserer unterbewussten Meinung über Frauen. Um diese Nuancen loszuwerden, müssen wir unsere Herzenshaltung ändern. Wenn wir das nicht tun, werden wir unweigerlich durch unser inneres Paradigma regiert, unabhängig davon, ob wir anderen

Menschen erzählen, dass wir an Frauen in der Leitung glauben.

Eine häufige Nuance, die ich beobachtet habe, ist die stillschweigende Verbannung von Frauen in Frauendienste. Wir denken, dass sich Frauen bevollmächtigt fühlen, wenn wir sie in ihre eigene kleine Gruppe mit ihrer eigenen kleinen Führung und ihren Veranstaltungen setzen und sagen: „He, ihr Frauen seid frei." Dies ist in vielen Gemeinden normal, doch es ist *keine* Freiheit. Es ist so ähnlich, wie wenn Abraham Lincoln dachte, die Lösung der Sklaverei wäre es, die befreiten Sklaven nach Kuba zu schicken, wo sie ihre eigene kleine Gesellschaft gründen konnten. Wir schickten zwar keine befreiten Sklaven nach Kuba, doch wir erschufen hier zu Hause, in den Vereinigten Staaten, ein kleines Kuba namens Segregation. Es funktionierte nicht. „Getrennt, aber gleich" ist ein logischer Widerspruch. Gleichheit kommt durch Partnerschaft zum Ausdruck. Unsere Frauen lieben die Gemeinde und wollen ein Teil von ihr sein. Sie wollen nicht in eine Frauengruppe verbannt werden. Sie wollen Teil des großen Bildes sein, Teil der Einheit. Sie wollen als Gleichberechtigte mit den Männern vorangehen.

Diese Generation von Frauen bittet um die Erlaubnis, genauso stark wie jeder andere sein zu dürfen. Sie suchen nach Menschen, die ihnen diese Erlaubnis geben. Um auf diese Bitte zu reagieren, müssen wir unser Leben ehrlich unter die Lupe nehmen. Zuerst einmal müssen wir Gott um Offenbarung und um eine Veränderung unseres Herzens bitten. Zweitens müssen wir, wie wir von Lincoln und Douglass gelernt haben, aktiv nach positiven

Erfahrungen und Beziehungen mit starken Frauen suchen, die unsere Fantasie anregen und unsere Herzen öffnen können. Diese Erfahrungen müssen Teil unserer Einflussbereiche werden. Die Biografien von transformierenden Frauen in der Geschichte, insbesondere in der Kirchengeschichte, sind ein guter Startpunkt. Schließlich müssen wir, wie furchterregend oder schmerzhaft das auch sein mag, die Frauen, die wir kennen, bitten, uns beim Erkennen der Wahrheit zu helfen, was wir tatsächlich über sie denken und wie wir mit ihnen umgehen. Wenn wir das nicht tun, dann werden unsere Ehefrauen und Töchter es schwer haben, die Freiheit und Vollmacht zu erleben, für die sie geschaffen wurden. Einige Männer denken, wenn sie andere über die Unterdrückung von Frauen in der Kirche reden hören: *Meine Frau empfindet das nicht so.* Doch wie können wir das wissen, wenn wir sie nicht fragen? Wie können wir das wissen, wenn wir ihnen keine Gelegenheit geben, uns die Wahrheit zu sagen? Wenn meine Frau weiß, dass ich griesgrämig werde und tagelang nicht mehr mit ihr spreche, nachdem sie ein Problem in meinem Leben angesprochen hat, dann entscheidet sie sich vielleicht dafür, einfach den Mund zu halten. Viele Frauen haben gelernt, wenn sie ihren Ehemännern sagen, wie sie sich wirklich fühlen, dann ist das so, als ob ein Bulldozer einen Mini Cooper überrollt.

Es braucht großen Mut, um sich zu entscheiden: „Diese kleine Lieblingsunterdrückung von mir darf nicht länger friedlich vor sich hin leben. Ich werde dagegen kämpfen, bis das aufhört, weil es die Menschen verletzt, die ich liebe!" Als Männer müssen wir uns dieser Herausforderung stellen.

Wir müssen zu Verfechtern der Freiheit für alle werden. Wenn wir wirklich wollen, dass das himmlische Königreich zur festen Grundlage unseres Leben wird, dann müssen wir uns mutig dieser Frage stellen: *Was werden wir gegen die Nuancen der Unterdrückung in unserem Leben tun, die das Himmelreich abhalten, auf der Erde zu regieren?*

Praktische Schritte

Mein Ziel mit „*Kraftvoll und Frei*" ist nicht, eine Art politischen Plan aufzustellen, um die Gleichberechtigung der Geschlechter in der Kirche zu erreichen. Selbst die besten Pläne werden scheitern, wenn wir nicht die Infektion durch das Patriarchat von der Wurzel her in unseren Herzen behandeln. Die einzige Möglichkeit, um diese Infektion zu behandeln, ist, etwas Besseres zu erkennen und empfangen – das Reich Gottes. Das auf den Kopf gestellte Königreich Gottes ist das Einzige, was unsere tiefe Sehnsucht nach Vollmacht, Freiheit und Gleichheit im Kern befriedigen kann. Aus diesem Grund lehrte Jesus, dass es am praktischsten ist, wenn wir uns in unserem Leben als Christen ganz einfach in allem nach dem Reich Gottes ausrichten (siehe Mt. 6, 33).

Im Reich Gottes werden wir Probleme niemals durch Gesetzlichkeit lösen. Jedes Problem wird durch Beziehungen gelöst. Politische Institutionen sind bei der Lösung von Problemen durch die gesetzliche Maschinerie beschränkt, und leider stehen Gesetzlichkeit und reife menschliche Beziehungen im absoluten Gegensatz zueinander. Gottes Plan war, dass Beziehungen aus dem innwendigen Gesetz der Liebe hervorsprießen, das nur Er in unsere Herzen schreiben kann. Äußere Gesetze geraten grundsätzlich in Konflikt mit dieser inneren Freiheit. Deshalb können gesetzliche Strategien vielleicht einige Probleme auf dem Weg der Erreichung von Gleichberechtigung lösen, wie im Beispiel der Segregation oder bei einer Reihe von anderen Problemen zu sehen ist, doch am Ende erzeugen sie auch einige neue Probleme. Wenn man Firmen und Universitäten anweist, dass sie Menschen aus denselben Gründen integrieren müssen, aus denen sie zuvor ausgeschlossen wurden (Rasse oder Geschlecht), dann öffnet das vielleicht die Türen für einige Personen, die solche Möglichkeiten aufrichtig verdienen. Doch man kümmert sich nicht um die Furcht, die uns ursprünglich dazu brachte, diesen Menschen Wert zu geben oder zu nehmen. Ein Gesetz, das die Neuverteilung von Privilegien erzwingt, kann keinen Wert für ein anderes menschliches Wesen in unseren Herzen erzeugen. Dennoch ist dies das Beste, was die Welt bieten kann. Nur das Evangelium, das ewigen, gleichberechtigten Wert vermittelt, kann ein neues Paradigma schaffen, so dass wir einander aus freien Stücken als Gleichberechtigte achten und zu Partnern werden können.

Mit diesen Worten im Hinterkopf möchte ich dir nun ein paar praktische Schritte zeigen, um einen Wandel in unserem Geschlechter-Paradigma zu vollziehen, der vom Reich Gottes geprägt ist.

1. Kenne die Aussagen der Bibel

Die meisten Christen, die sich intensiv dafür einsetzen, die Unterdrückung der Frauen in der Kirche aufrecht zu erhalten, haben gut recherchierte, biblische Argumente, um ihre Position zu unterstützen, die durch jahrhundertealte Traditionen noch bekräftigt werden. Sie setzen sich engagiert dafür ein, ihren Glauben um jeden Preis zu stützen. Diejenigen von uns, die glauben, dass Frauen frei sein sollten, können versucht sein, diese ärgerlichen Abschnitte einfach zu ignorieren. Wir wissen, dass diese Interpretationen nicht stimmen können, doch wir haben uns nicht die Zeit genommen, um tiefer zu graben und herauszufinden, warum wir das glauben, was wir glauben. Eine solche Haltung gibt Raum für Selbstgefälligkeit und sogar für Zweifel, denn sie unterwandert unsere Zuversicht und beeinflusst die Art, wie wir Frauen behandeln. Wir müssen die Bibel studieren, um Freiheit für unsere Frauen zu entdecken. Wenn wir nicht wissen, was wir mit bestimmten Abschnitten machen sollen, dann müssen wir uns Unterstützung bei den Theologen suchen. Ich sage nicht, dass wir alles verstehen können. Es wird immer das ein oder andere Geheimnis geben. Doch wir können den überwältigenden Beweis in der Schrift entdecken, dass es Gottes Wille ist, dass Frauen kraftvoll und frei an der Seite der Männer sind.

2. Lehre deine Freunde

Wenn wir dieses Thema selbst studiert haben, dann werden wir auch andere lehren können, was die Schrift über die Bevollmächtigung von Frauen sagt. Dies ist nicht nur die Aufgabe von Predigern und Lehrern. Es ist die Aufgabe *jedes* Gläubigen, weil Freiheit die Botschaft des Evangeliums ist. Wenn wir wollen, dass dieser Gedanke wirklich Wurzeln in der Gemeinde schlägt und die Art und Weise ändert, wie wir Dinge tun, dann muss dies Teil unserer Unterhaltungen werden – nicht nur unter Leitern, sondern bei allen. Wir müssen unseren Freunden erzählen, was wir über Frauen denken, und wir müssen bereit sein zu erklären, was die Bibel tatsächlich zu diesem Thema sagt.

3. Sprich mit Frauen

Wenn wir die Geschichten von Frauen hören und einen Teil ihres Schmerzes nachempfinden, dann wird das unsere Augen für die Notwendigkeit von Veränderung öffnen. Wir müssen mit einigen Frauen sprechen, die wir kennen, und sie fragen, wie es sich anfühlt, eine Frau in der christlichen Kultur zu sein. Wir müssen diejenigen finden, die sich als apostolische und prophetische Leiterinnen in der Kirche berufen fühlten, stattdessen jedoch eine Firma gründen oder in der Regierung arbeiten mussten, um frei von Restriktionen zu sein, die die Kirche ihnen auferlegt hatte. Es dauert vielleicht eine Weile, bevor sie uns genügend vertrauen, um uns die Wahrheit zu erzählen, doch wir müssen hartnäckig bleiben, bis wir sie hören.

4. Verbanne sexistische Witze

Männer neigen mehr als Frauen dazu, durch Witze zu kommunizieren. Viele sind sich dessen nicht bewusst, auf welche Weise ihre Witze die Frauen in ihrer Umgebung verstimmen. Selbstverständlich müssen sexistische Witze – inklusive Blondinenwitze und Witze über weibliche Stereotypen – eliminiert werden, um eine Umgebung zu schaffen, in der sich Frauen sicher fühlen. Auf eine eher subtile Weise kann der männliche Humor auch dazu verwendet werden, dass sich Frauen als „einer der Jungs" fühlen. Doch die meisten Frauen wollen nicht „einer der Jungs" sein. Sie sind keine Männer und sie wollen nicht wie Männer behandelt werden. Sie wollen denselben Respekt und die Gleichberechtigung, die Männer erhalten, doch aufgrund dessen, wer sie als Frauen sind. Zu lange mussten Frauen „einer der Jungs" werden, um einen Platz in den männerdominierten Führungsriegen zu erhalten. Wir werden erkennen, dass wir Gleichberechtigung erreicht haben, wenn Frauen dieselbe Macht und denselben Respekt erhalten, ohne ihre Weiblichkeit zügeln zu müssen.

5. Schätze und suche die Meinung von Frauen

Die Meinung von Frauen ist in der männerdominierten Welt der meisten Kirchen nicht so geschätzt wie die Meinung der Männer. Männer neigen dazu, zuerst den Rat von anderen Männern einzuholen, und sie nehmen häufig an, dass Frauen nicht viel zu bieten haben – besonders nicht für sie. Die meisten Männer denken unterbewusst, dass Frauen gut darin sind, andere Frauen zu beraten, doch dass ihr Rat nicht gut genug für die Männer sein würde. Wir würden das natürlich nicht sagen, aber viele von uns denken dies. Wenn wir wirklich Frauen bevollmächtigen wollen, dann müssen wir anfangen, ihre Meinung wertzuschätzen – und das bedeutet, aktiv nach dieser zu suchen.

6. Beseitige bewusst alle Hindernisse, die Frauen davon abhalten, kirchliche Ämter einzunehmen

Weil Kirchen und christliche Organisationen in den Vereinigten Staaten einen gemeinnützigen Status besitzen, sind sie gesetzlich nicht dazu verpflichtet, ihren Angestellten bezahlten Mutterschaftsurlaub zu gewähren[70]. Und die meisten Kirchen machen das nicht. Obwohl dies scheinbar eine Kleinigkeit ist, offenbart es doch unseren Glauben über die Wichtigkeit von Frauen in unserem Mitarbeiterstab. Eine meiner Freundinnen erzählte mir vor kurzem, wie das Vorbild ihrer Mutter, die in all den Jahren in ihrer Kindheit als Lehrerin gearbeitet hat, sie befähigte, selbst ihren Träumen hinterherzugehen. Sie sagte: „Ich konnte beobachten, wie meine Mutter diesen Balanceakt zwischen einer vortrefflichen Mutter und einer Angestellten an ihrem Arbeitsplatz vollbrachte. Keiner fühlte sich vernachlässigt, und dadurch entstand in mir die Vorstellung, dass ich das tun könnte, was immer ich als Frau tun wollte. Es gab keine Unvereinbarkeit zwischen Mutterschaft und Karriere." Diese Freundin schlug vor: „Die Kirche sollte es Frauen leicht machen, Mutter zu sein und gleichzeitig zu arbeiten. Wir müssen unsere Denkweise darüber ändern, was Frauen tun. Was für einen Einfluss können wir denn haben, wenn all die Frauen in Familien verbannt werden und sonst nirgends in der Gesellschaft vorkommen?"

Ich konnte ihr nur zustimmen. Wenn wir wirklich glauben, dass Frauen in unser Team gehören, dann werden wir alles tun, was wir können, um die Hindernisse zu beseitigen, die es Müttern schwer machen, für Kirchen und

---

70   In den einzelnen Ländern gibt es unterschiedliche Regelungen zu diesem Thema; Anmerk. d. Übers.

in Diensten zu arbeiten. Wir werden bezahlten Mutterschaftsurlaub anbieten und nach kreativen Lösungen, wie z.B. Job-Sharing, für Mütter suchen, die gerne Teilzeit arbeiten wollen.[71]

7. Stelle Frauen in den Vordergrund

Während Kinder heranwachsen, beobachten und lernen sie durch Rollenvorbilder, wie sie sich angemessen in ihrer Umgebung bewegen. In der Kirche wachsen kleine Mädchen größtenteils damit auf, dass sie sehen, wie Frauen im Hintergrund im Kleinkindraum, im Kinderdienst oder in der Verwaltung arbeiten. Am Sonntagmorgen sehen sie Frauen auch häufig im Lobpreisteam. Doch wenn es ums Predigen geht, sehen sie Männer. Wenn es darum geht, Entscheidungen zu fällen, sehen sie Männer. Und unbewusst lernen sie, dass Frauen in der Gemeinde nicht so vollmächtig sind wie Männer. Wenn wir nur sagen, dass Frauen vollmächtig sind, wird das der Botschaft nicht entgegenwirken, die wir durch mangelnde starke, weibliche Rollenvorbilder unseren Töchtern (und Söhnen) kommunizieren. Wir müssen dafür sorgen, dass wir sichtbare Vorbilder haben, die zeigen, wie es aussieht, wenn eine Frau Autorität in der Gemeinde hat. Dies ist der einzige Weg, damit unsere Töchter heranwachsen und wirklich glauben werden, dass sie genauso frei wie die Männer sind.

---

71 Mehr dazu siehe: Ellen Weinreb "How Job Sharing May Be the Secret to Work-Life Balance," Forbes.com (24. Oktober 2011); http://www.forbes.com/sites/work-in-progress/2011/10/24/how-job-sharing-may-be-the-secret-to-work-life-balance/ (Zugang vom 14. Juni 2012)

8. Bevollmächtigte Frauen in der lokalen Gemeinde

Ein Grundprinzip des Reiches Gottes ist, dass alle Glaubenden zum Dienst berufen sind, unabhängig von ihrer Berufung. Wir brauchen Männer und Frauen, die die Welt verändern, indem sie einflussreiche Positionen einnehmen. Viele Frauen tun dies bereits, weil es für sie leichter ist, in der Welt bevollmächtigt zu werden als in der Kirche. Doch wir brauchen auch Frauen, die Leiterinnen innerhalb der Kirche sind. Abgesehen von wenigen Ausnahmen, wie Aimee Semple McPherson haben wir starke Frauen nur in der Auslandsmission oder in Reisediensten befördert – Frauen außerhalb der Autoritätsstruktur der Ortsgemeinde oder von größeren Netzwerken und Denominationen. Wir können eine Handvoll Frauen benennen, die Lehrdienste neben der Kirche haben, wie Joyce Meyer, Beth Moore und Cindy Jacobs (die, das muss bemerkt werden, vor allem weibliche Zuhören anziehen). Doch, wo sind die weiblichen apostolischen Leiterinnen in Amerika, die Kirchengemeinden, Denominationen oder Gemeindenetzwerke leiten und in einem positiven Licht dargestellt werden, anstatt als verdächtig oder rebellisch bezeichnet zu werden? Wir müssen Frauen in die Autoritätsstruktur unserer lokalen Gemeinden neben den Männern integrieren und sie nicht nur aussenden, damit sie außerhalb der Ortsgemeinde vollmächtig sind. Dienste neben den Gemeinden sind wichtig, doch die Ortsgemeinde ist das Zentrum des kirchlichen Lebens. Wir müssen weiblichen Leitern Zugang zu *allen Ebenen* der Verantwortung und Autorität im Leib Christi ermöglichen – inklusive der geheiligten Position des „Hauptpastors". Wenn wir das tun, dann wird dies beweisen, dass wir die Autorität nicht mehr auf Basis des Geschlechtes verteilen. Es wird beweisen, dass wir angefangen haben, Frauen wirklich zu ehren.

Die Bedeutung von Ehre

Wenn wir die Autorität teilen, dann erheben wir den Status des anderen. Dies ist die Definition von *Ehre*. Manchmal denken wir, dass *Ehre* bedeutet: „Ich ergebe mich dir." Diese Art von Ehre ist jedoch eher ein Ausdruck von Furcht. Ehrerbietung ist nicht in erster Linie das, was wir Billy Graham oder anderen Fremden entgegenbringen. Ehrerbietung ist das, was wir den Mitgliedern unseres Haushaltes entgegenbringen. Unsere Ehrerbietung wird in unseren intimsten Beziehungen geprüft. Ehrerbietung geschieht, wenn wir zusammen leben, zusammen glauben, zusammen beten, zusammen versagen und zusammen gewinnen.

Andere Menschen tatsächlich zu bevollmächtigen heißt, ihnen zu erlauben, stark zu bleiben, auch wenn wir anderer Meinung sind als sie und sogar, wenn sie versagen. Dies wird uns in ein neues Herrschaftsmodell hineinführen, das auf dem himmlischen Modell basiert. Nur in einem Umfeld der Ehre können Freiheit und Liebe aufblühen. Ohne Ehre brauchen wir Gesetzlichkeit und äußere Drohmechanismen (die Polizei, die Steuerbehörde, Gerichte und Gefängnisse). Ohne Ehre brauchen wir jemanden, der sich über die Leute ärgert, damit sie an ihrem Platz bleiben. Doch wenn wir einander ehren, dann können wir uns gegenseitig konfrontieren und uns eine gesunde Rückmeldung darüber geben, wie wir einander beeinflussen. Dann müssen wir uns keine Rückendeckung holen. Und wir konfrontieren andere nicht deshalb, weil wir uns in unserer Macht bedroht fühlen, sondern weil wir es zu unserer Priorität gemacht haben, dass Beziehungen ständig gepflegt werden. Wir erwarten mehr voneinander.

Beziehungen, die auf Ehre basieren, sind die einzige Möglichkeit, wie Männer und Frauen gemeinsam gleichberechtigt und in Einheit arbeiten können. Dieses Modell sehen wir in der Dreieinigkeit, und es ist die Antwort auf Jesu Gebet um Einheit: *„..., dass sie eins seien wie wir!"* (Joh. 17, 11). Ehre ist das Ziel, weil Freiheit für alle ohne Ehre nicht möglich ist. Die Kirchengeschichte hat das bewiesen. So lange Zeit gab es Freiheit für einige und Unterwürfigkeit für die anderen. Doch wenn wir uns eine Invasion des Himmels auf der Erde wünschen, dann müssen wir das verändern.

Der Wandel hin zu Beziehungen, die auf Ehre basieren, muss bewusst geschehen. Wir werden nicht eines Tages aufwachen und entdecken, dass wir zufällig angefangen haben, die Frauen in der Gemeinde zu ehren. Dies ist ein Wandel, der begrüßt und verfolgt werden muss, auch wenn das furchterregend ist. Wir haben schon zu lange auf unsere Ängste gehört und es brachte lediglich das Schlimmste in uns zum Vorschein. Es ist an der Zeit, auf den Einen zu hören, der kam, um uns von unseren Ängsten zu befreien. Wir müssen zulassen, dass Seine Liebe das Beste in uns hervorbringt.

Größe zeigt sich, wenn es an uns ist, für etwas aufzustehen. Und gerade jetzt sind wir an der Reihe. Wir haben die Gelegenheit, Größe zu zeigen. Lasst uns zu den Befreiern unserer Tage werden. Lasst uns zu den Verfechtern des Friedens für alle werden – wie Paulus, der für die Wahrheit kämpfte, dass „*...ihr alle einer [seid] in Christus Jesus.*" (Gal 3, 28). Zu lange haben Männer ein Machtsystem beschützt, das die Macht der Frauen beschränkt.

Es ist Zeit für eine Veränderung.

Es ist Zeit, dass wir den Frauen Waffen geben.

Es ist Zeit, dass wir sie willkommen heißen, als Gleichberechtigte, in dem großen Kampf, der den Himmel auf die Erde bringt.

Nachwort

Hingehaltene Hoffnung: Eine Anmerkung für Frauen

von Sheri Silk

In den Sprüchen heißt es: *„Hingehaltene Hoffnung macht das Herz krank...* (Spr. 13, 12; EÜ). Die meisten von uns interpretieren das folgendermaßen: „Ich hatte eine Hoffnung, aber sie ist nicht eingetroffen, und das hat mich innerlich krank gemacht." Ich glaube, dass man dies besser folgendermaßen lesen könnte: „Ich hörte auf zu hoffen, und *das* hat mich krank gemacht." Die Entscheidung, dass wir die Hoffnung aufgeben, macht unser Herz krank.

Ich habe Pferde schon immer geliebt, und als Kind hatte ich mein eigenes Pferd. Ich hatte gemischte Erfahrungen mit Pferden gemacht – gute und schlechte. Mit meinem eigenen Pferd hatte ich viel Spaß, doch ich wurde auch einige Male abgeworfen und einmal brach ich mir sogar den Arm dabei. Eine meiner engsten Freundinnen wurde von einem Pferd abgeworfen und beim Fall getreten – als Folge davon starb sie. Als Erwachsene habe ich immer gesagt, dass ich gerne in der Nachbarschaft von Pferden wohnen wolle, weil es so lustig ist, ihnen zuzuschauen. Doch ich wollte kein Pferd besitzen. Eines Tages, als ich über meine Berufung als Frau in der Leitung nachdachte, erinnerte der Herr mich an meine Liebe zu den Pferden. Als ich Ihn fragte, was das bedeute, sprach Er zu mir: „Es ist leichter, Vollmacht zu beobachten, als in ihr voranzugehen." Dann erinnerte er mich an verschiedene Frauen, die ich gekannt hatte, die bei ihren Versuchen, „das Pferd zu reiten" oder als *kraftvolle Frauen* zu leben, abgeworfen und verletzt wurden. Danny und ich kennen vollmächtige Frauen, die nicht mehr in die Kirche gehen. Die Kirche hatte ihre Persönlichkeit nicht gewürdigt, die Gott ihnen gegeben hatte, sie wurden stattdessen regelrecht ausgeschaltet, manchmal auf sehr verletzende Weise. Aufgrund ihrer Verletzung hatten diese Frauen die Hoffnung aufgegeben, und das machte ihre Herzen krank; sie gaben die Kirche einfach auf.

Der zweite Teil von Sprüche 13, 12 heißt: „*...aber ein eingetroffener Wunsch ist ein Baum des Lebens.*" (EÜ). Das ist es, was wir Frauen wollen – Leben. Wir wollen die Freiheit, um unsere Persönlichkeit im Reich Gottes auszuleben. Doch aufgrund des patriarchalischen Paradigmas und all der falschen Lehre über Frauen in der Gemeinde haben viele von uns einfach akzeptiert, dass die Dinge nun mal so sind. Einige Frauen sind gegangen, während andere stillschweigend resigniert haben. Die meisten von uns sind nicht der Typ dafür, um sich ihren Weg zur Vollmacht zu erzwingen. Entweder werden wir uns den Erwartungen innerhalb der Kirche anpassen oder wir werden in die säkulare Arbeitswelt gehen und dort einen Platz finden, an dem wir vollmächtig sein können. Wir sind von unserem Wesen her keine Rebellen und wir brauchen die Erlaubnis, in der Kirche vollmächtig zu sein. Wir brauchen Männer, die uns befördern, an uns glauben und uns in unserer Kultur verteidigen.

Doch es ist auch wahr, dass die Befreiung der Frauen in der Kirche nicht davon abhängig ist, dass die Männer sich verändern, genauso wenig wie die Bürgerrechtsbewegung davon abhängig war, dass weiße Menschen die Verantwortung übernahmen. Nein, sie war abhängig von mutigen Menschen wie Rosa Parks, die sich nicht davor fürchteten, aus dem System der Unterdrückung auszusteigen und in ihre Identität als vollmächtige Menschen einzutreten – auch wenn sie vom Patriarchat noch keine Erlaubnis dazu hatten. Der Grund, warum der Dienst von Martin Luther King Jr. einen so großen Einfluss hatte, war, dass er und seine Nachfolger einen Weg gefunden hatten, um in ihre Identität als vollmächtige und freie Menschen einzutreten, ohne dabei in Rebellion oder Hass hineinzukommen. Ich glaube, dass wir als Frauen in der Gemeinde denselben Weg der Bevollmächtigung gehen können, doch er erfordert großen Mut.

Sprüche 28, 1 besagt, dass: „*…der Gerechte aber […] furchtlos wie ein junger Löwe [ist].*" (LUT) Am Pfingsttag, als der Heilige Geist auf die Erde herabkam, war Kühnheit einer der bemerkenswertesten Beweise für die Erfüllung mit dem Geist. Die Jünger verwandelten sich in einem Moment von Feiglingen, die sich in ihren Häusern versteckten, zu kühnen, starken und mutigen Aposteln, die um keinen Preis aufhörten, die Wahrheit zu verkünden. Die Kirche als Ganzes besteht zu mindestens fünfzig Prozent aus Löwinnen – und es ist Zeit, dass die Löwinnen kraftvoll und frei sind. Es ist Zeit, dass wir keine Einschränkungen und keine geschlechtsspezifischen Vorurteile mehr erwarten. Es ist Zeit, dass wir die Vorurteile nicht länger akzeptieren und sie ansprechen, wenn sie aufkommen. Es ist Zeit, dass wir einen Plan entwickeln, wie wir auf die Mauern reagieren, die uns einschränken und in die wir mit großer Sicherheit hineinrennen werden.

Frauen, wir sind zu hundert Prozent eine „neue Schöpfung" und wir sind zu hundert Prozent mit dem Heiligen Geist gefüllt. Das bedeutet, wir haben dieselbe Erneuerung und dieselbe Fülle wie die Männer. Es bleibt also die Frage: „Was werden wir mit uns selbst tun?"

Jetzt, da wir wissen, wer wir sind und wozu wir bestimmt sind, können wir uns nicht einfach zurücklehnen und nichts tun. Wir müssen die Personen sein, zu denen wir berufen wurden. Wie die Apostel Petrus und Johannes müssen wir proklamieren: *„Ob es vor Gott recht ist, auf euch mehr zu hören als auf Gott, urteilt ihr! Denn es ist uns unmöglich, von dem, was wir gesehen und gehört haben, nicht zu reden."* (Apg. 4, 19-20). Wir sind genötigt, in die Freiheit einzutreten, die Jesus für uns erworben hat.

Die Entscheidung, vollmächtige Frauen in der Kirche zu werden, erfordert großen Mut und eine große Hingabe an das große Ganze, denn wir werden die erste Welle sein, die auf den Strand trifft. Einige von uns werden vielleicht, wie die großen Befreier der Geschichte, aufgrund ihres Standpunktes leiden müssen. Doch wir haben die Hoffnung auf Befreiung, nicht nur für uns, sondern auch für unsere Töchter. Wir haben die Hoffnung, dass Männer und Frauen in die Einheit eintreten werden, die Jesus prophezeit hat. Gemeinsam werden sie das himmlische Königreich auf der Erde etablieren. *„Lasst uns das Bekenntnis der Hoffnung unwandelbar festhalten - denn treu ist er, der die Verheißung gegeben hat."* (Hebr. 10, 23). Hoffnung ist eine mutige Entscheidung – wir wollen uns dafür entscheiden, nie die Hoffnung zu verlieren.

Weiter Bücher von Danny Silk im Grain-Press Verlag:

LASS DEINE LIEBE AN!

Lass deine Liebe an!" offenbart den höheren, Jesus orientierten Standard, der definiert ist von reifer Liebe - Liebe, die sagt „AN", egal was passiert.

Danny Silks praktische Beispiele und ergreifende Geschichten werden dir helfen, gesunde Grenzen zu ziehen, in Liebe zu kommunizieren und letztlich deine Beziehungen zu schützen, um so gegen alle Widrigkeiten lieben zu können. Als Ergebnis werden deine Beziehungen radikal auf die Ewigkeit vorbereitet werden. Wenn du lernst, deine Liebe anzulassen, wirst du werden wie Jesus.

KULTUR DER EHRE

Gott ist dabei, in die Gemeinde wieder eine Mentalität des Königreichs zurückzubringen. Und die, die das verstehen und annehmen, werden unter der gesegneten Ordnung von Gottes Herrschaft leben.

Dieses Buch ist ein Indikator dieses Prozesses und verdeutlicht, welche Bedeutung Ehre in Bezug auf die Art und Weise, wie Christen in der Gemeinde zusammenarbeiten einnimmt.

Es geht auch um ein anderes Verständnis von Leiterschaft. Hier fordert der Autor uns heraus, zu erkennen, wo wir unbewusst in den Gemeinden einfach nur weltliche Leiterschaft kopieren.